Neil Clark Warren

Wie finde ich den Partner fürs Leben?

Zehn Prinzipien für die Wahl des richtigen Partners

NEIL CLARK WARREN

Wie finde ich den Partner fürs Leben?

SCHULTE & GERTH

Zehn Prinzipien für die Wahl des richtigen Partners

Die amerikanische Originalausgabe erschien im Verlag
Focus on the Family Publishing, Colorado Springs,
unter dem Titel „Finding The Love Of Your Life“

Aus dem Amerikanischen übersetzt von Christian Rendel

Bestell-Nr. 15 255
ISBN 3-89437-255-9
1. Auflage 1993
2. Auflage 1994
Umschlaggestaltung: Olaf Johannson
Umschlagfoto: Tony Stone Worldwide
Satz: Typostudio Rücker & Schmidt
Druck und Verarbeitung: Ebner Ulm
Printed in Germany

INHALT

Einleitung

Ich kenne keinen Menschen, der sich nicht nach Liebe sehnt! Und am nächstliegenden ist es, danach in der Ehe zu suchen. Über neunzig Prozent aller Einwohner der USA heiraten mindestens einmal in ihrem Leben.

Kürzlich befragte die *Los Angeles Times* über zweitausend erwachsene Amerikaner nach „ihrem wichtigsten Ziel im Leben“. Die überwältigende Mehrheit von ihnen antwortete: „Glücklich verheiratet sein.“ Die Ehe bietet ungeahnte Möglichkeiten des Glücks, aber die Gefahr des Scheiterns ist ebenfalls groß. Wenn zwei Menschen sich ineinander verlieben und beschließen, den Rest ihres Lebens gemeinsam zu verbringen, können sie damit sich selbst und ihren zukünftigen Kindern unendliche Freude bescheren – oder allen Beteiligten unaussprechliches Leid zufügen.

Schauen Sie sich die folgenden, sehr unterschiedlich verlaufenden wahren Geschichten über Liebe und Ehe an.

Jessicas Geschichte

„Ich habe einen Mann geheiratet, der sich in seiner Haut ausgesprochen wohl fühlt und voller Freude entdeckt, wer ich bin. Ich fühlte mich zu John hingezogen, weil sein Leben echt und ausgewogen ist; er arbeitet hart und hat gerne Spaß, und er liebt mich ganz so, wie ich bin. Am Anfang unserer Ehe sagte mein Vater einmal zu mir: ‚Ich habe dich noch nie so glücklich gesehen!‘ Mein Bruder meinte: ‚So ist meine lebhafte Schwester, wenn es ihr gutgeht!‘ Die Erklärung ist einfach: Zum ersten Mal in meinem Leben fühle ich mich bedingungslos und rückhaltlos geliebt. John und ich haben mehr gemeinsam, als uns trennt, aber diese Unterschiede machen das Leben nur interessanter – sie wirken nicht bedrohlich. Jeder gibt dem anderen ausdrücklich die oberste Priorität, denn wir glauben, daß eine solide Beziehung uns fähig macht, mit den unvermeidlichen familiären und beruflichen Belastungen fertig zu werden."

Barbaras Geschichte

„Gary war gepflegt und makellos gekleidet, selbstbewußt und sicher, weitgereist und weltmännisch. Er sah wohlhabend aus und schien zu wissen, was er wollte. Er schien alles zu sein, was ich nicht zu sein glaubte. Ich umwarb ihn, und schließlich heiratete ich ihn – den einzigen Mann, mit dem ich je ernsthaft ausgegangen war. Es dauerte nicht lange, bis er mein Leben völlig beherrschte und verlangte, daß ich seine Anschauungen übernahm – seine religiösen Vorstellungen, seine Vorurteile und Vorlieben. Der Wert meiner Vorstellungen, was Essen, Freizeit oder Gedanken anging, war überhaupt nicht der Rede wert. Es gab nur eine einzige akzeptable Lebensweise – seine. Schließlich hatte ich keinen Respekt und kein Vertrauen mehr für ihn – nach seinem offenen außerehelichen Verhältnis, seiner chronischen Arbeitslosigkeit, seinen unmoralischen Geschäftspraktiken und seinem geradezu illegalen Verhalten. Ein Streit nach dem anderen bestimmte unser Leben, Explosion folgte auf Explosion. Doch selbst dann noch wäre ich bei ihm geblieben, wenn seine Reaktion auf mein Flehen um eine sinnvolle Beziehung auch nur zu den geringsten Hoffnungen Anlaß gegeben hätte."

Partnerwahl – eine der wichtigsten Entscheidungen im Leben

Ich arbeite seit mehr als fünfundzwanzig Jahren mit Menschen wie Jessica und Barbara – Menschen, die um das Gelingen ihrer Ehe kämpfen. Ich bin beinahe jeder Art von Beziehung begegnet, die unter Ehepaaren möglich ist, und im Laufe der Zeit habe ich eine ganze Reihe von Antworten auf die Frage gefunden, wovon das Maß des Glücks in einer Ehe abhängig ist.

Ganz oben auf meiner Liste steht folgende Antwort: *Ihre Entscheidung, wen Sie heiraten, ist schwerwiegender als alles andere, was Sie je tun werden, damit Ihre Ehe gelingt.* Wenn Sie eine kluge Wahl treffen, wird Ihr Leben bedeutend leichter und unendlich viel befriedigender sein. Aber wenn Sie einen schweren Fehler begehen, kann Ihre Ehe scheitern und Ihnen und Ihren Kindern unermeßliches Leid bringen. Die meisten gescheiterten Ehen, mit denen ich zu tun hatte, waren schon vom ersten Tag an problembelastet. Die beiden Beteiligten hatten sich einfach den falschen Ehepartner ausgesucht.

Ist Partnerwahl eine Kunst?

Warum treffen manche Leute bei der Wahl ihres „Lebens"-Partners eine so unkluge Entscheidung? Weil ihnen fast jegliche Information darüber fehlt, wie sie es besser machen könnten. Und wie sollten sie auch eine fundierte Entscheidung treffen, wenn ihnen niemand gezeigt hat, worauf sie dabei achten müssen?

Von den Ratschlägen, die man hören kann, sind viele unglaublich oberflächlich und letzten Endes schädlich. Margaret Kents Bestseller *How to Marry the Man of Your Choice* (Heiraten Sie den Mann Ihrer Wahl) zum Beispiel gibt offen zu: „Dieses Buch untersucht die Techniken der Manipulation. Sie werden lernen, andere zu manipulieren und zu verhindern, daß andere Sie manipulieren." Margaret Kent verrät Frauen, an welchen Orten sie nach einem Mann suchen sollten; wie „Kritik ihn dazu bringen kann, sich in Sie zu verlieben" und wie sie sich am besten darstellen können. Sie behauptet, ihr Buch werde „Sie zum Altar bringen – unabhängig von Ihrem Aussehen, Ihrer Vergangenheit, Ihrem Alter!"[1]

Unsere Gesellschaft legt uns nahe – besonders durch das Fernsehen und die Filmindustrie –, sich bei der Partnerwahl fast ausschließlich auf die „natürlichen Instinkte" zu verlassen. Doch romantische Gefühle, jene scheinbar vertrauenswürdigen Emotionen, tragen fast nichts dazu bei, um eine kluge Entscheidung über einen möglichen Ehepartner zu treffen. Ja, sie erweisen sich sogar oft als hinderlich. Sie machen einen buchstäblich blind für die entscheidenden Faktoren, die man so dringend unter die Lupe nehmen muß.

Doch es gibt eine gute Nachricht: *Erfolgreiche Partnerwahl ist eine Kunst, die Sie sich aneignen können.*

Die zentrale These dieses Buches lautet, daß Sie in der Lage sind, im Blick auf ihren Ehepartner eine kluge Entscheidung zu treffen. Großartige Ehen sind möglich, wenn Sie sich einen großartigen Partner aussuchen – und eine solche Wahl ist praktisch niemals durch pures Glück oder Nachlässigkeit zu erreichen. Eine solche Ehe ist der Lohn, der denen zuteil wird, die sorgfältig formulierten Grundsätzen folgen. Wer sich an diese Grundsätze hält, muß sich dessen nicht unbedingt immer bewußt sein. Aber wenn jemand einen Ehepartner gewinnt, den er sein Leben lang lieben und mit dem er sein Leben lang glücklich zusammenleben kann, dann haben die Gedanken, die in diesem Buch niedergeschrieben sind, dabei eine Rolle gespielt. Wenn Sie diese Grundsätze im voraus kennen und wenn Sie lernen, sie gewissenhaft anzuwenden, können Sie dadurch Ihre Chancen auf eine großartige Ehe bedeutend erhöhen. Wenn Sie sich freilich auf Glück und Zufall verlassen – oder auf Leidenschaft und Romantik –, besteht eine Wahrscheinlichkeit von über fünfzig Prozent, daß Ihre Ehe enttäuschend, wenn nicht gar ausgesprochen schmerzlich verlaufen wird.

Die Ehe kann mißlingen

Jedes Jahr werden in den USA über 200 000 Ehen noch vor dem *zweiten* Hochzeitstag der Paare geschieden. Stellen Sie sich das Leid dieser 400 000 Menschen vor!

Doch so schmerzlich diese Trennungen auch sein mögen, vielleicht stellen sie immer noch einen Teil der Scheidungen dar, die bei weitem am wenigsten verheerend sind – weil das Paar noch keine Kinder hat. Sind erst einmal Kinder davon betroffen, beginnt sich das Leid zu vervielfachen.

In ihrem Buch *When the Bough Breaks* (Wenn der Ast bricht) untersucht Sylvia Ann Hewlett die massiven Folgen, die dann entstehen, wenn Familien zusammenbrechen. Sie weist auf Statistiken hin, die beinahe alles Begreifen übersteigen.[2] Nach einer Schätzung hat in den USA ein weißes Kind, das Anfang der achtziger Jahre geboren wurde, nur eine Chance von dreißig Prozent, mit siebzehn Jahren noch mit beiden biologischen Eltern unter einem Dach zu leben; ein schwarzes gleichaltriges Kind sogar nur eine Chance von sechs Prozent.[3]

Wir kommen nicht an der Erkenntnis vorbei, daß ein solches Chaos in der Familie – der grundlegenden Einheit unserer Gesellschaft – für viel Leid verantwortlich ist, das uns heute begegnet. Wenn unser System von Nährzellen ein solches Stadium des Verfalls erreicht hat, brauchen wir uns über alle möglichen zerstörerischen Verhaltensweisen, angefangen von Bandenkriegen und Drogenmißbrauch bis hin zu geistigen Zusammenbrüchen und Selbstmorden, nicht mehr zu wundern.

Die Ehe kann großartig sein

Aber dennoch stimmt es: Die Ehe kann wunderbar sein!

Nichts kommt im Leben der Erfahrung eines Mannes und einer Frau gleich, die sich lieben, und nichts der Erfahrung einer Familie, die auf die Hingabe der Eltern gegründet ist. Es zählt zum Schönsten, auf der tiefsten Ebene das Leben mit jemandem zu teilen, zu dem Sie sich mehr hingezogen fühlen als zu irgend jemandem sonst auf der Welt. Es ist das Empfinden, mit jemandem verbunden zu sein, der das mag, was Sie mögen, der so denkt, wie Sie denken, der sich ebensosehr um das Gelingen Ihrer Ehe bemüht wie Sie – und der Sie vor allem durch und durch liebt und Ihr Wachstum und Selbstwertgefühl fördert. Wenn Sie einen solchen Menschen finden, dann ist die Verwirklichung Ihres Traums von tiefem Glück und völliger Erfüllung zum Greifen nah.

Aber alles beginnt mit Ihnen und Ihrer festen Entschlossenheit, eine kluge Entscheidung zu treffen. So entmutigend die Statistiken über die Ehe auch scheinen mögen, Sie können bei der Wahl Ihres Partners klüger und geschickter vorgehen, als es Ihre Eltern oder Großeltern getan haben. Die zehn Prinzipien dieses Buches ergeben sich aus wissenschaftlichen Erkenntnissen und bewährten alten Lehren. Wenn Sie diesen Prinzipien unbeirrt folgen, werden Sie Ihre Chance bedeutend verbessern, bei der Wahl Ihres Ehepartners eine kluge Entscheidung zu treffen und eine dauerhafte und tief befriedigende Beziehung aufzubauen.

Wir brauchen eine Revolution

Was wir heute dringend brauchen, ist eine Revolution – eine totale Veränderung unseres Vorgehens bei der Partnerwahl. Darum geht es in diesem Buch!

Ich bin der festen Überzeugung, daß wir in diesem überaus wichtigen Bereich bedeutend bessere Entscheidungen treffen können. Überall kann Männern und Frauen geholfen werden, den Liebespartner zu finden, mit dem sie ihr Leben lang eine tiefe Beziehung erfahren können. Das erfordert harte Arbeit und Geduld. Es erfordert Übung und Anleitung. Aber schließlich betrifft es das ganze Leben. Jedes Gramm Zeit und Mühe, das Sie darauf verwenden, wird sich lohnen.

Lassen Sie die Revolution bei Ihnen beginnen. Keine zweitklassigen Ehen mehr! Großartige Ehen – das muß unser Ziel sein.

Erstes Prinzip: Vermeiden Sie die sieben häufigsten Ursachen für eine falsche Partnerwahl

Einige Kollegen und ich waren auf der Autobahn unterwegs nach Los Angeles, nachdem wir ein Wochenende in San Diego verbracht hatten. Ein paar Meilen nördlich von San Diego gibt es einen Kontrollpunkt. Dort versucht die amerikanische Einwanderungsbehörde, Autos ausfindig zu machen, in denen Ausländer versteckt sind, die illegal aus Mexiko in die USA einreisen.

Die Fahrer werden durch Schilder am Autobahnrand angewiesen, auf ihrer Spur zu bleiben und langsamer zu werden. Wenn man den Kontrollpunkt schließlich erreicht hat, steht an jeder Spur ein uniformierter Beamter, der jedes Auto sorgfältig unter die Lupe nimmt. Die meisten Autos winkt er durch, nur hin und wieder hält er eines an, um es genauer zu überprüfen. Sobald die Fahrer den Kontrollpunkt hinter sich haben, beschleunigen sie das Tempo und setzen ihren Weg fort.

Als unser Wagen den Beamten erreichte, warf er einen Blick auf uns und winkte uns durch. Während wir in Richtung Los Angeles weiterfuhren, machten wir uns Gedanken über den Beamten: „Wonach sucht er? Welches sind die Hinweise, auf die er sich seiner Erfahrung nach verlassen kann? Was erregt seinen Verdacht? Woran erkennt er so schnell, ob hier alles in Ordnung ist oder nicht?“ Sie können sich vorstellen, was für Theorien unsere Wagenladung voller Psychologen sich dazu hat einfallen lassen!

Später wurde mir klar, daß mein Sprechzimmer ein wenig

wie dieser Kontrollpunkt auf der Autobahn ist. Ein junges Paar nach dem anderen – alle mit Heiratsplänen – kommt hier durch, und manchmal winke ich sie „rechts ran“ und schaue sie mir genauer an. Dann nämlich, wenn ich fürchte, daß ihre Partnerschaft in einer Ehe nicht standhalten könnte.

Gewiß lasse ich mich hin und wieder irreführen. Vor ungefähr vier Jahren traf ich mich mit einem Paar zu sieben Ehevorbereitungsgesprächen. Ich war völlig sicher, daß sie geradezu füreinander geschaffen waren. Ein Jahr später trennten sie sich, und heute sind sie geschieden. Aber sehr oft passiert mir so etwas nicht. Nach all diesen Jahren, in denen ich mit Hunderten von Paaren gearbeitet habe und mit vielen von ihnen auch nach ihrer Hochzeit Kontakt hielt, bin ich überzeugt, daß meine Genauigkeitsrate sehr hoch ist.

Also fragte ich mich, worauf ich eigentlich achte, wenn es um Gefahrensignale geht. Ich wußte schon immer, daß die Stärken einer Beziehung viel deutlicher zu sehen sind als die Anzeichen eines drohenden Scheiterns. Diese Hinweise sind oft genauso unsichtbar wie Krebs in einem Körper. Sie verstecken sich und schlagen Haken und sind schwierig zu entdecken.

Bei Paaren ist es die Verliebtheit, die manchmal die Fehler verdeckt, die eine Ehe genauso systematisch zugrunde richten können wie der Krebs einen Körper. Wer denkt zu dem Zeitpunkt, wo bösartige Zellen sich im Körper eines braungebrannten, robusten jungen Menschen auszubreiten beginnen, schon an eine Krankheit? Und wenn zwei junge Leute voller Schwärmerei und Begeisterung in mein Sprechzimmer kommen, woher soll man dann wissen, ob diese Beziehung vielleicht durch ernsthafte Probleme bedroht ist?

Fachleute auf diesem Gebiet haben inzwischen gelernt, diese Probleme deutlich zu erkennen. Eine Untersuchung kam vor kurzem zu dem Schluß, daß das Gelingen oder Scheitern einer Ehe schon vor der Hochzeit mit einundachtzigprozentiger Genauigkeit vorausgesagt werden kann. Aufgrund dieser Untersuchungen und meiner eigenen, fünfundzwanzigjährigen Erfahrung habe ich eine Liste mit sieben Punkten erstellt, an denen man seine eigene Entscheidung prüfen und eine fehlerhafte Partnerwahl erkennen kann.

1. Die Entscheidung zum Heiraten wird zu schnell getroffen

Wenn mich etwas hellwach werden läßt, dann zwei Leute, die mir sagen, daß sie sich seit ein paar Monaten kennen und jetzt bereit sind, sich für den Rest ihres Lebens aneinander zu binden. Ihnen möchte ich am liebsten sagen: „*Was?* Habt ihr überhaupt eine Ahnung davon, was ‚der Rest unseres Lebens' bedeutet? Das bedeutet Tausende Male zusammen frühstücken, alle möglichen finanziellen Krisen zusammen durchmachen, Krankheiten oder Depressionen ertragen, zusammen schwere Enttäuschungen erleben, vielleicht sogar einander alt werden und die körperliche Kontrolle verlieren sehen. Und ihr meint, ihr seid fähig, schon nach ein paar Tagen oder Wochen oder Monaten eine solche Entscheidung zu treffen?"

Natürlich gelingt es mir meistens, nicht so hitzig zu werden, aber mir ist äußerst wichtig, daß sie verstehen, was ich meine. Wenn ein Paar bereit ist, sich schon nach ein paar Wochen oder Monaten Freundschaft auf etwas so Umfassendes wie die Ehe einzulassen, muß ich davon ausgehen, daß bei ihrer Entscheidung zuviel Phantasie und zuwenig Realismus im Spiel war. Es weist mich darauf hin, daß hier die „Aufgabe" der Ehe schwer unterschätzt wird und daß sie die Reife noch nicht mitbringen, die notwendig ist, um eine Ehe jahrein, jahraus gelingen zu lassen.

Ich habe Tausende von Seiten zum Thema Partnerwahl gelesen – das meiste davon waren wissenschaftliche Untersuchungen –, und ich habe mit Hunderten von Paaren gearbeitet, die Heiratspläne hatten. Ich habe noch mehr Paare beraten, die bereits verheiratet und in große Schwierigkeiten geraten waren. Ich bin absolut überzeugt davon, daß eine Partnerschaft einem ungeheuren Risiko ausgesetzt ist, wenn die Entscheidung zum Heiraten zu schnell getroffen wird.

Vor ein paar Jahren veröffentlichten Wissenschaftler eine Studie, die unterstreicht, wie wichtig es ist, vor der Ehe reichlich Zeit miteinander zu verbringen. Bei den einundfünfzig befragten Ehefrauen mittleren Alters „zeigte sich ein starker Zusammenhang zwischen der Länge der Freundschaft mit ihren Partnern, die der Ehe vorausgegangen war, und der gegenwärtigen ehelichen Zufriedenheit". Die Wissenschaftler stellten fest, daß Ehen, die schon nach einer kurzen Zeit der Freundschaft geschlossen werden, zwar manchmal positiv verlaufen, daß aber längere Freundschaften eine bessere Erfahrungsgrundlage für möglicherweise problematische Bereiche bilden. Das Ergebnis dieser Untersuchung war, daß „Paare, die länger als zwei Jahre befreundet gewesen waren, durchweg eine hohe Zufriedenheit mit ihrer Ehe bekundeten, während Paare, die kürzer befreundet gewesen waren, ihre Zufriedenheit in einer breiten Skala von sehr hoch bis sehr niedrig einstuften."[1] Das Risiko, daß eine Ehe scheitert, wird also durch längere Freundschaftszeiten erheblich verringert.

Um übereilt geschlossene *zweite* Ehen mache ich mir genauso viele Sorgen – manchmal sogar noch mehr. Die Möglichkeit, daß auch sie ein Mißerfolg werden, ist enorm.

Ich kenne eine ganze Reihe Leute, die zum zweiten Mal verheiratet sind. Da, wo diese „zweiten Chancen" gut verlaufen, liegt es normalerweise daran, daß die Beteiligten sich ausreichend Zeit ließen. Ein Stadtrat schrieb mir: „Meine zweite Ehe hat reichen Nutzen aus den Lektionen gezogen, die ich aus meiner ersten Ehe lernte. Das Beste, was ich tun konnte, war, vier Jahre zu warten, bevor ich wieder heiratete. In dieser Zeit lernte ich, meine Verantwortung für das, was in meiner ersten Ehe schiefging, zu akzeptieren."

Es sind nicht nur geschiedene und verwitwete Leute, die sich übereilt in die Ehe stürzen. Das Auseinanderbrechen einer intensiven Freundschaft oder einer Verlobung kann dazu führen, daß die Betroffenen hektisch nach einem Ersatz suchen. Manchmal spielen dabei die Erfahrung der Ablehnung, eine niedrige Selbstachtung oder Einsamkeit mit. Und manchmal stürzen sich Leute in neue Ehen, um ihren Trauerprozeß abzukürzen. So war es bei einem Freund, der mir folgendes schrieb: „Wie ich meine Frau gewählt habe, war gelinde gesagt chaotisch. Ich war vierundzwanzig, als ich Patti kennenlernte, und noch benommen vom Tod meiner Verlobten, die nur einen Monat zuvor bei einem Autounfall ums Leben gekommen war. Daß ich der Trauer und dem Schmerz meines Verlustes auswich, merkte ich nicht. Ich sagte mir, Gott hätte es nun einmal zugelassen, daß mein Leben so verlief, und ich solle den Blick nach vorn richten und weitermachen. Ich traf mich mit Patti einmal, bevor ich von Chicago nach Boston umzog. Sie gefiel mir, und wir korrespondierten etwa vier Monate lang miteinander. Ich kannte sie nicht sehr gut, und sehr impulsiv machte ich ihr sechs Monate, nachdem wir uns kennengelernt hatten, einen Heiratsantrag. Ob dies eine gute Wahl sei, darüber dachte ich wenig bis gar nicht nach. Wir würden es schon schaffen, dachte ich mir, und ich versuchte mir selbst einzureden, daß meine Heirat keine Kurzschlußreaktion sei."

Diese Ehe hatte wahrscheinlich von vornherein kaum eine Chance. Sie ging nicht plötzlich in die Brüche, aber daß sie schließlich scheiterte, war voraussehbar. Mein Freund lernte eine schmerzhafte Lektion über das überstürzte Heiraten.

Tatsache ist, daß die Wahl eines Lebenspartners weitaus komplizierter ist, als es auf der Kinoleinwand oft dargestellt wird. Eine mögliche Ehe muß aus vielen Perspektiven überdacht, in guten und schlechten Zeiten analysiert und nicht nur nach ihrer anfänglichen Begeisterung, sondern auch nach ihren Aussichten auf Langlebigkeit beurteilt werden. Ich möchte nicht unrealistisch sein, aber ich bin überzeugt, daß dann, wenn Menschen sich zwei oder drei Jahre Zeit nehmen, um über die Qualität ihrer Partnerschaft nachzudenken, es erheblich wahrscheinlicher wird, daß sie eine kluge Wahl treffen.

Bei einer so weitreichenden, Ihr ganzes Leben prägenden Entscheidung müssen Sie geduldig und gründlich die wesentlichen Dinge bedenken. Lassen Sie sich Zeit! Es ist viel, viel leichter, in eine Beziehung hineinzurutschen, als eine schmerzliche, unbefriedigende Ehe über viele Jahre hinweg zu durchleben.

2. Die Entscheidung wird in zu jungen Jahren getroffen

Wenn zwei frischgebackene Schulabgänger zu mir kommen und verkünden, daß sie heiraten wollen, blinkt in meinem Kopf die Alarmlampe auf. Ich weiß, daß die Scheidungsrate bei Paaren, die beim Zeitpunkt ihrer Hochzeit unter zwanzig Jahre sind, unglaublich hoch ist. Soziologen haben herausgefunden, daß Leute, die sehr jung heiraten, selten ausreichend auf ihre Rollen in der Ehe vorbereitet sind.

Die Scheidungsrate ist in den USA bei Einundzwanzig- bis Zweiundzwanzigjährigen doppelt so hoch wie bei Vierundzwanzig- bis Fünfundzwanzigjährigen.

Als Lorrie, unsere älteste Tochter, sechzehn war und davon träumte, in Los Angeles zu studieren, ging ich oft abends zu ihr ins Zimmer, um mich mit ihr zu unterhalten. Einmal hielt ich ihr eine „Predigt“ über die „absolute Notwendigkeit“, mit dem Heiraten zu warten, bis sie alt genug wäre, um sich selbst wirklich zu kennen und zu wissen, was sie von einem Ehemann erwarte. „Lorrie“, sagte ich, „ich möchte, daß du mit dem Heiraten wartest, bis du vierundzwanzig bist.“ Es gab eine kleine Pause, und dann sagte sie mit sehr ruhiger, leiser Stimme: „Das werde ich, Dad.“

Ich war überzeugt, daß sie nicht reif genug sei, um zu wissen, was sie mir da „versprach“, und deshalb lief ich ein wenig im Zimmer herum und präsentierte ihr noch ein paar Argumente, um sie gegen die Gefahren einer zu frühen Ehe zu impfen. „Aber Lorrie“, entgegnete ich, „ich *weiß* einfach, was passieren wird. Du gehst auf die Universität, und alle Jungs werden sich in dich verlieben. Sie werden dich vom Fleck weg heiraten wollen, und sie werden dich zum Heiraten drängen – egal, wie alt du bist.“ Sie machte wieder eine Pause, schaute mir lange und direkt in die Augen und wiederholte mit derselben ruhigen Stimme: „Ich habe vor zu warten, Dad.“

Als ich Jahre später in der Radiosendung „Focus on the Family“ mit Dr. James Dobson über all dies sprach, mußte ich zugeben, daß die Jahre vergangen waren und Lorrie sich an ihr Versprechen gehalten hatte. Sie wurde vierundzwanzig, und dann wurde sie fünfundzwanzig. Plötzlich kam mir der Gedanke, sie könnte vielleicht der Meinung sein, ich hätte „vierunddreißig“ gesagt. Und schon kehrten sich meine Ängste in die andere Richtung um, und ich dachte: „Wann wird sie denn endlich heiraten?“ Ich hätte mir jedoch keine Sorgen zu machen brauchen, denn sie und Greg heirateten kurz darauf.

Warum war ich so besorgt darum, daß Lorrie zu früh heiraten könnte? Der Grund lautet folgendermaßen: Junge Leute können im Blick auf einen Ehepartner keine sehr fundierte Wahl treffen, solange sie sich selbst nicht gut genug kennen. In unserer Gesellschaft, in der das Jugendalter oft bis Mitte Zwanzig andauert, ist die Ausbildung der Identität unvollständig, bis sich die jungen Leute emotional von ihren Eltern getrennt und ihre eigene Einzigartigkeit bis ins Detail entdeckt haben. Die meisten jungen Erwachsenen definieren ihre Ziele und Bedürfnisse nicht vor Mitte Zwanzig. Sie hatten bis dahin noch keine Zeit, ihre Unabhängigkeit zu entwickeln. Damit verfügen sie über keine günstige Ausgangsposition, um zu erkennen, mit welchem Menschen sie eine sinnerfüllte, lebenslange Bindung eingehen können. Sie brauchen einfach noch mehr Lebenserfahrung.

Wie alt sollten zwei Leute sein, wenn sie heiraten? Das hängt von einer ganzen Reihe von Faktoren ab – dem Grad der Reife, der Fähigkeit, den Lebensunterhalt zu verdienen, dem Stand der Ausbildung und so weiter. Aber wir können sicher sagen, daß Ehen, die nicht vor Mitte Zwanzig geschlossen werden, statistisch gesehen erheblich stabiler sind. Eine neue Untersuchung zeigt sogar, daß die stabilsten Ehen erst geschlossen werden, wenn die Ehepartner mindestens achtundzwanzig sind.

Denken Sie jetzt nicht, ich hätte den Kontakt zur Realität verloren! 1890 lag das Durchschnittsalter amerikanischer Männer bei der ersten Eheschließung etwas über sechsundzwanzig Jahre. Bei den Frauen betrug das mittlere Alter 1890 zweiundzwanzig Jahre. Bis 1950 sanken diese Durchschnittswerte allmählich auf 22,8 Jahre bei den Männern und 20,3 Jahre bei den Frauen. Doch 1988 war das durchschnittliche Heiratsalter bei den Männern wieder auf 25,9 Jahre gestiegen, und bei den Frauen hatte es mit 23,6 Jahren den höchsten Wert überhaupt erreicht. Heute ist also das durchschnittliche Heiratsalter der Frauen höher als je zuvor in der Geschichte, und der Trend ist weiterhin langsam steigend.

Marcia und Tom Lasswell, zwei Soziologen, haben mein Denken stark beeinflußt. 1974 schrieb Marcia Lasswell einen Artikel mit dem Titel „Gibt es ein bestes Heiratsalter? Eine Interpretation". Ihre Schlußfolgerung lautet: „Die Scheidungsrate ist bei Männern und Frauen, die mit achtundzwanzig oder später zum ersten Mal heiraten, am niedrigsten. Die Chancen für eine stabile Ehe steigen, bis beide Partner die Dreißig erreichen, und bleiben dann auf gleicher Höhe. Paare, die sich Kinder wünschen, haben Anlaß, mit dem Heiraten nicht viel länger als bis dreißig oder fünfunddreißig zu warten, damit nicht die Risikofaktoren einer späten Schwangerschaft zum Tragen kommen. Diese Erkenntnis führt zu der Schlußfolgerung, daß die maximale Wahrscheinlichkeit für eine erfolgreiche Partnerschaft, Zuneigung und Fortpflanzung in einer Ehe dann besteht, wenn die Ehe mit achtundzwanzig bis vierunddreißig Jahren geschlossen wird (was ein Jahr läßt, um die Empfängnis zu erreichen, falls ein Kind geplant ist), mit achtundzwanzig bis zweiunddreißig Jahren, wenn zwei Kinder geplant sind, und mit achtundzwanzig bis dreißig Jahren, wenn drei Kinder geplant sind. Wenn kein Kinderwunsch besteht, ist das Alter des Paares natürlich kein Gesichtspunkt."[2]

Wenn Sie eine der häufigsten Ursachen für das Scheitern von Ehen ausmerzen wollen, dann nehmen Sie die Notwendigkeit ernst zu warten, bis Sie Ihre Identität und Ihre Lebensziele entwickelt haben. Wenn Sie das tun, wird Ihre Partnerwahl Ihrer reifen Persönlichkeit entsprechen und sich in zehn oder zwanzig Jahren als ebenso gut erweisen wie heute.

3. Einer oder beide wollen so schnell wie nur irgend möglich heiraten

Obwohl es schon zehn Jahre her ist, erinnere ich mich noch sehr gut daran, wie Rick und Sally zu Ehevorbereitungsgesprächen zu mir kamen. Ich hatte Rick schon einige Jahre flüchtig gekannt, weil seine Eltern in der gleichen Stadt wohnten, in der ich aufgewachsen war. Aber Sally hatte ich noch nie gesehen, bevor ich sie in meinem Sprechzimmer kennenlernte.

Rick war ein prima Kerl, und alle jüngeren Kinder in der Stadt himmelten ihn an. Er hatte eine fürsorgliche Freundlichkeit an sich, die ihr Vertrauen erweckte, und er stand in dem Ruf, einer der nettesten Jungs weit und breit zu sein. Sally sah sehr gut aus, war ernsthaft und direkt und schien vieles durchdacht zu haben. Sie gab eindeutig den Ton an, antwortete immer zuerst, wenn ich den beiden Fragen stellte, und sie korrigierte Rick mehrmals, wenn er von seinen Erfahrungen erzählte.

Rick kam aus einem großartigen Zuhause, und ich hatte den Eindruck, daß er emotional gesund und stabil war. Sallys Eltern waren geschieden; ihr Vater war ausgezogen, als sie zwölf war, und seither hatte sie ihn nicht oft gesehen. Ihre Mutter war in der großen Bank, in der sie arbeitete, die erste Frau, die es schaffte, zur geschäftsführenden Vizepräsidentin befördert zu werden. Sie war offensichtlich eine hart arbeitende, starke Frau, die sich – obwohl sie viel verreist war – sehr für das Ergehen von Sally und ihrer jüngeren Schwester interessierte. Während Sallys gesamter Jugend hatte ihre Mutter viel Zeit in eine Beziehung zu einem Mann investiert, und ihre beruflichen Aufgaben und Belastungen nahmen ständig zu. Sie verbrachte immer weniger Zeit zu Hause und verlangte von Sally und ihrer Schwester immer mehr, sich um den Haushalt zu kümmern. Einerseits war Sally einsam, aber sie lechzte auch danach, aus dem Haus zu kommen. Sie mußte unbedingt der eisernen Autorität ihrer Mutter entfliehen.

Dazu kam, daß Sallys Freund, mit dem sie seit der Schulzeit und während des Studiums zusammengewesen war, sich dreieinhalb Monate zuvor von ihr getrennt hatte. Während der einsamen Jahre, in denen ihre Mutter durch ihren Beruf und ihre Beziehung wenig zu Hause gewesen war, war Sally in dieser Freundschaft aufgegangen. Sally geriet in Panik, als ihr Freund sagte, daß sie sich trennen sollten und er mit anderen Mädchen ausgehen wolle. Sie fühlte sich vollkommen allein – regelrecht verloren –, und sie suchte fieberhaft nach Geborgenheit.

Rick und Sally arbeiteten im selben großen Modegeschäft und kannten sich seit einigen Monaten. Rick stand mit fast allen Leuten auf gutem Fuß, aber seine Schüchternheit hielt ihn davon ab, viel mit Frauen auszugehen. Und so war er bereit, als Sally an ihn herantrat. Bevor er wußte, wie ihm geschah, saß er zu einem Ehevorbereitungsgespräch in meinem Sprechzimmer.

Ich führte mit Rick und Sally die üblichen Tests und Befragungen durch, die ich immer einsetze, wenn ein Paar meine Unterstützung sucht. Und ich sah von Anfang an Probleme. Ihre Ergebnisse bei den verschiedenen Persönlichkeitstests paßten nicht sehr gut zusammen, und sie waren einfach über zu viele Dinge nicht einer Meinung. Dazu kam, daß ich eine gewisse Spannung in der Atmosphäre zwischen ihnen spürte. Auf manche Beobachtungen konnte ich meinen Finger legen, doch nicht alles, was ich empfand, konnte ich erklären.

Aber der entscheidende Punkt war folgender: Sobald ich versuchte, etwas von meinen Bedenken auf Grund der Tests und Befragungen zu äußern, war Sally sofort mit einer Rationalisierung zur Stelle, mit der sie meine Sorge wegerklärte. Rick ließ oft den Wunsch erkennen, mehr über meine Bedenken zu sprechen; er erkannte darin anscheinend Probleme, über die zu reden sich lohnen würde. Doch wenn Sally dann versuchte, das Problem schnell zu „lösen" und für nichtig zu erklären, ließ sich Rick stets beschwichtigen. Sie war zu stark. Vor allem war sie so begierig zu heiraten, daß sie einfach nicht bereit war, sich objektiv den Tatsachen zu stellen.

Es war offensichtlich für mich, daß Sally danach strebte, ihre Einsamkeit, die erfahrene Ablehnung und ihren Groll gegen ihre Mutter und ihren Ex-Freund abzuschütteln. Soweit es sie betraf, schien diese Heirat mit Rick genau das richtige zu sein, und ihr Elend würde sich dadurch erheblich verringern. Also heirateten sie gegen meinen Rat.

Nur sechs Monate später hörte ich, daß sie sich getrennt hatten und sich scheiden lassen wollten. Unter der Belastung des gemeinsamen Lebens hatten sich schwerwiegende Probleme und Gegensätze gezeigt.

Anderthalb Jahre danach traf ich Rick auf der Hochzeitstagsfeier eines seiner Cousins. Wir fanden ein wenig Zeit zum Reden. Immer noch war er benommen von dem, was er durchgemacht hatte. Er brauchte noch zwei Jahre, um wieder einen Blick nach vorn zu gewinnen, und noch viele weitere Jahre, um sich völlig zu erholen.

Es gibt eine Menge Gründe, warum Leute zu schnell heiraten wollen. Manchmal machen sie sich Sorgen, daß ihr Partner seine Meinung ändern könnte. Diese Sorge steigert ihren Puls und weckt in ihnen den Wunsch, schnell zu handeln. Oder sie haben die Nase voll davon, an den Wochenenden allein zu sein, und sind überzeugt, daß sie nie wieder einen Samstagabend allein verbringen müssen, wenn sie erst einmal verheiratet sind. Also beeilen sie sich damit.

Der übertriebene Drang zu heiraten geht meistens mit der sprudelnden Erregung und Begeisterung einher, die eine bevorstehende Ehe mit sich bringt. Sicher, Heiraten ist aufregend, aber wenn zwei Leute sich von dieser Erregung treiben lassen, übersehen sie oft die hohen Anforderungen, die eine Ehe an sie richten wird. Und dann stürmen sie vielleicht mit einer Partnerwahl vorwärts, die dem Test der Jahre nicht standhalten wird. Sie sind so begeistert von dem Gedanken an die bevorstehenden Flitterwochen, daß ihnen die langfristigen Verwicklungen ihrer Entscheidung überhaupt nicht ins Bewußtsein dringen.

Eine solche übertriebene Begierde zu heiraten ist ziemlich leicht zu erkennen. Sie gehört eindeutig zu den Ursachen für das Scheitern von Ehen, und dieser Ursache sollte man von Anfang an keinen Platz einräumen. Eine Entscheidung, die wie die Ehe für das ganze Leben gilt, erfordert ein klares Denken ohne Eile.

4. Einer oder beide suchen sich jemand anderem zuliebe diesen Partner aus

Warum sollte man sich jemand anderem zuliebe seinen Ehepartner aussuchen? Auf den ersten Blick ist das ein unverständliches Verhalten, aber als Psychologe fällt es mir leicht, die Beweggründe dahinter zu sehen. Die meisten von uns geben sich viel Mühe, anderen zu gefallen, und manche von uns bauen ihre ganze Identität auf ihrem Bedürfnis auf, alle anderen zufriedenzustellen.

Ich zucke sofort zusammen, wenn ich merke, daß ein Partner den anderen ausgesucht hat, um damit einem Elternteil oder irgendeiner anderen wichtigen Person zu gefallen. Ich habe schon so oft gesehen, daß diese Strategie viel Unglück mit sich brachte, und kann dann kaum an mich halten. Es wird einfach nicht funktionieren! Um eine gute Entscheidung zu treffen, müssen Sie *Ihre eigenen* Bedürfnisse und Träume und Lebensziele in Betracht ziehen, nicht die eines anderen.

Heißt das, daß Sie sich nicht darum scheren sollten, was die wichtigen Menschen in Ihrem Leben von Ihrer Wahl halten? Natürlich nicht. Ihre Freunde und Angehörigen kennen Sie gut, und sie wollen, daß Sie glücklich sind. Deshalb sollten Sie sich aufmerksam anhören, was sie zu sagen haben, und darüber nachdenken. Aber manchmal wollen andere Leute auch, daß Sie *sie* glücklich machen. Obwohl diese Menschen Sie nicht so gut kennen wie Sie sich selbst und obwohl *Sie* es sind, der oder die all die Jahre hindurch mit dem Partner leben wird, wollen sie im Grunde, daß Sie diese Entscheidung von ihnen treffen lassen.

Oft sage ich zu Leuten: „Lassen Sie Ihren Ehepartner nicht von irgend jemand anderem aussuchen, und lassen Sie sich nicht dazu verleiten, Ihren Lebenspartner einem anderen Menschen zuliebe auszusuchen. Das ist *Ihre* Ehe, *Ihre* einmalige Chance!"

Ich habe festgestellt, daß es alle möglichen „anderen Leute" gibt, die diese Entscheidung für Sie treffen wollen. Meistens ist es ein Elternteil. Mutter und Vater haben es – vielleicht wegen ihrer Lebenserfahrung – so an sich zu denken, sie könnten diese Entscheidung besser treffen als Sie selbst. Vielleicht haben sie recht, vielleicht aber auch nicht. Wie auch immer, es ist *Ihre* Entscheidung, und wenn Sie sie jemand anderem übergeben, gehen Sie das große Risiko ein, es langfristig zu bereuen.

Als Vater weiß ich, was man beim Gedanken an die zukünftigen Ehepartner der eigenen Kinder empfindet. Meine Frau und ich haben immer großes Interesse an den Männern gehabt, die unsere Töchter in Betracht gezogen haben. Wenn es etwas gibt, was Eltern im Gebet vorbringen sollten, dann sind es die Ehepartner ihrer Kinder. Jedes Kind braucht alle göttliche und elterliche Leitung, die es bekommen kann.

Aber all die Stunden, in denen ich Menschen in der Beratung zugehört habe, haben mich eine gewaltige Lektion lernen lassen: Der Einfluß der Eltern ist unglaublich stark, selbst wenn kein Wort gesprochen wird. Wie sehr man sich auch in acht nimmt, buchstäblich jedes Kind hat eine starke Tendenz, die Partnerwahl an den ermutigenden oder entmutigenden Signalen seiner Eltern auszurichten.

Kluge Eltern haben einen Blick für diese Tatsache, wenn die Zeit des Wählens gekommen ist. Sie werden ihren Kindern raten, ihre Entscheidung auf der Grundlage aller verfügbaren Informationen zu treffen – aber die Entscheidung muß *ihre eigene* Entscheidung sein, sonst drohen große Schwierigkeiten. Wenn Eltern glauben, ihre Kinder seien in ihrer Persönlichkeitsentwicklung noch nicht weit genug oder in sich zu gestört oder konfliktbelastet und deshalb unfähig, die Informationen auszuwerten, dann sollten sie ihre Kindern ermutigen, professionelle Beratung in Anspruch zu nehmen, bevor sie sich für ihr ganzes Leben binden. Aber wenn die Kinder ihre Wahl treffen, dann muß es ihre eigene Wahl sein, eine freie und unabhängige Entscheidung, mit der sie leben und zu der sie stehen können, solange sie leben.

Ein letztes Wort zu diesem Punkt an diejenigen, die vor einer solchen Entscheidung stehen: Ich rate Ihnen dringend, eingehend *alle* Informationen, die Sie bekommen, in Betracht zu ziehen, bevor Sie wählen. Die Meinungen anderer Leute sind wichtig; die Unterweisung, die Sie bekommen haben, ist entscheidend, und auch Ihre Lektüre wird hilfreich sein. Wenn Sie das getan haben, horchen Sie aufmerksam auf das, was sich in Ihrem Innern herauskristallisiert. Es wird eine große Herausforderung sein, inmitten all der Meinungen, Informationen und Gefühle zu stehen und die klügste Entscheidung zu finden, die möglich ist.

Was immer Sie tun, riskieren Sie nicht Ihr Lebensglück, indem Sie eine Entscheidung nur deswegen treffen, weil Sie Ihren Partner nicht verletzen wollen, weil Sie meinen, Ihre Freunde könnten schlecht von Ihnen denken, oder weil die Einladungen schon verschickt sind oder ein älterer Mensch meint, Sie beide würden gut zusammenpassen.

5. Die Erfahrungsgrundlage ist zu klein

Manchmal kommen heiratswillige Paare zu mir, die einfach noch zu wenig voneinander wissen. Nicht, daß sie noch nicht lange genug zusammen wären! Sie haben einfach noch nicht die Vielfalt von Umständen und Situationen gemeinsam erlebt, die notwendig wäre, um sich richtig zu kennen. Vielleicht haben sie von einer bestimmten Art von Erfahrungen zuviel und dafür von anderen nicht annähernd genug. Hier sind drei Beispiele:

Jim und Nancy kannten sich seit zwei Jahren. Sie waren sich auf einer Hochzeit begegnet, und während ihres ersten gemeinsamen Sommers gingen sie mehrere Male zusammen aus. Im September ging Jim auf ein College im Osten, und Nancy kehrte an die Universität in Dallas zurück. Sie schrieben sich die ganze Zeit über, und zu Weihnachten trafen sie sich in Nancys Elternhaus in Phoenix, das nicht allzu weit von Jims Heimatstadt entfernt liegt. Im folgenden Sommer waren sie wieder zusammen, und nach zwei Monaten, in denen sie ihre Verabredungen in ihren dicht gedrängten Arbeitsplan zwängten, sprachen sie über eine Heirat und machten sogar schon erste Pläne. Dann ging Jim wieder zurück in den Osten, Nancy kehrte nach Dallas zurück, und das Briefeschreiben begann von neuem. Zum Glück sahen die beiden, daß sie sich noch nicht gut genug kannten, um sich ihrer Entscheidung sicher zu sein, und so kamen sie zu mir. Seit sie sich kannten, hatten sie sich zwölf- bis fünfzehnmal getroffen und sich jede Menge Briefe geschrieben. Aber sie hatten sich noch nicht genügend im Auf und Ab des Alltags erlebt, um sich wirklich gut zu kennen.

Bei Bob und Karen war die Geschichte anders, aber das Problem ist ähnlich. Seit sie sich zum ersten Mal begegnet sind, schweben sie von einer Begeisterung in die andere. Sie fühlen sich körperlich ungemein stark zueinander hingezogen, und sie sind heftig verliebt!

Aber sie haben nie viel über andere Dinge geredet. In den meisten Bereichen des Lebens wissen sie im Grunde nicht, was der andere mag oder nicht mag. Sie haben nicht viel Zeit mit ihren Familien verbracht, und sie haben sich noch nicht ein einziges Mal gestritten.

Paare in solch verzückter Seligkeit gehören zu denen, die am stärksten gefährdet und am schwierigsten zu beraten sind. Sie sind wie ein Flugzeug, das auf eine flockige Wolkenmasse zurast. Die Wolken sehen gewaltig und weiß und strahlend aus – aber es kann sein, daß sich darin ein Berg versteckt und eine Katastrophe auf sie wartet.

Ich denke, Sie verstehen, worauf ich hinaus will. Leute, die derartig „verliebt“ sind, wollen sich normalerweise nicht damit aufhalten, „Probleme zu wälzen“. Sie sind überzeugt davon, daß sie alle Hinweise haben, die sie brauchen, um sich aneinander zu binden. Doch in Wirklichkeit macht der Mangel an Erfahrung miteinander ihre Entscheidung zu einem unüberschaubaren Risiko.

Schließlich sind da noch Fred und Cindy. Beide engagieren sich sehr stark in ihrer Gemeinde. So war es schon immer, seit sie sich kennen. Fred betreut dort eine Jugendgruppe und steckt jede Woche viele Stunden in diese Aufgabe. Wenn man diese Verantwortung zu seiner vollen Berufstätigkeit addiert, bleibt ihm wenig Zeit oder Energie übrig. Vor einiger Zeit bat er Cindy, ihm bei der Gruppe zu helfen. Hauptsächlich durch diese Zusammenarbeit haben sie sich kennengelernt. Sie fingen an, sich zu „verabreden“, aber es kam kaum vor, daß die beiden allein ausgingen.

Ständig waren sie dabei, Veranstaltungen für die Jugendgruppe zu planen, Zeltlager zu leiten und Zeit mit den Jugendlichen zu verbringen. Natürlich ist es nicht falsch, sich auf diese Weise kennenzulernen, aber wenn sich das Zusammensein nur auf Gemeindeaktivitäten beschränkt, ist das Bild unvollständig. Die Ehe schließt das ganze Leben mit ein, und Fred und Cindy haben lediglich einen kleinen Teil davon erkundet.

Es ist wichtig, daß Sie auf so breiter Ebene wie möglich gemeinsame Erfahrungen sammeln. Verbringen Sie morgens und abends Zeit mit Ihrem zukünftigen Partner; im Berufsverkehr und auf Landstraßen; in Zeiten der Belastung und in der Freizeit. Beobachten Sie ihn oder sie beim Spielen mit Kindern, bei der Hausarbeit und beim Umgang mit den Finanzen.

Viel zu viele Paare fliegen begeistert in die Wolken und treffen auf einen Berg schmerzlicher Probleme. Doch je mehr Erfahrungen Sie miteinander sammeln, desto besser sind Ihre Chancen, unliebsame Überraschungen zu vermeiden.

6. Das Paar hat unrealistische Erwartungen

Vor kurzem kam eine Frau in mein Sprechzimmer, um über ihre gescheiterte Ehe zu reden. Sie sagte: „Ich frage mich, wie etwas, das voller Hoffnung und Liebe anfängt, so schiefgehen kann. Ich war sicher, daß alles in Ordnung sein würde, wenn wir erst einmal verheiratet wären und er erlebte, wie Liebe wirklich ist. Er würde sich ändern und mich genauso wiederlieben, wie ich ihn liebte. Es steckte alles in ihm; er mußte nur genug geliebt werden, damit es herauskam. Ich würde diejenige sein, die ihm den Weg dazu öffnete. Ich würde die Frau sein, die das Leben für ihn lebenswert machte!"

Wahrscheinlich spüren Sie ebenso wie ich, wie lebensfremd diese Worte sind. Es ist anmaßend und naiv zu glauben, Sie allein könnten einen anderen Menschen ändern. Leider mußte diese Frau schmerzlich erfahren, wie unrealistisch ihre Erwartungen waren.

Eine andere Frau sagte nach nur zwei Jahren Ehe: „Ich hätte nie mit derartigen finanziellen Problemen gerechnet. Als wir befreundet waren, schien er immer eine Menge Geld zu haben. Ich bin einfach davon ausgegangen, daß es niemals Geldprobleme geben würde." Dann ist da ein Paar, das kurz nach der Hochzeitsreise an der Schwelle zur Scheidung steht und sagt: „Wir hatten keine Ahnung, daß wir uns in so vielen Bereichen uneinig sein würden. Wir können uns nicht einmal darauf einigen, welche Temperatur nachts in unserem Schlafzimmer herrschen soll."

Solche Geschichten erinnern mich an die berühmte erste Zeile aus M. Scott Pecks Buch *Der wunderbare Weg*: „Das Leben ist schwierig." Er hat nur zu recht – und wenn er meint, daß das Leben schon für einzelne schwierig ist, so bin ich überzeugt, daß es *doppelt* so schwierig für zwei Menschen ist, wenn sie eine gelungene Ehe führen wollen.

John Welwood schrieb 1990 einen Zeitschriftenartikel, den ich äußerst hilfreich fand. Mir gefällt seine Ansicht über Erwartungen, die wir hegen: „Wenn wir uns ausschließlich auf die liebevolle Seite einer Beziehung fixieren, gehen wir leicht in die ‚Seligkeitsfalle' – das heißt, wir bilden uns ein, die Liebe sei eine Leiter zum Himmel, die es uns erlauben wird, uns über die handfesten Elemente unserer Persönlichkeit zu erheben und alle Ängste und Begrenzungen hinter uns zu lassen: ‚Liebe ist etwas Phantastisches! Ich fühle mich großartig! Laß uns heiraten, dann wird alles wunderbar sein!' Natürlich sind diese weltumarmenden Gefühle wunderbar. Aber die Verzerrung, die hier lauert, besteht darin, daß wir uns einbilden, die Liebe an sich könne unsere Probleme lösen, uns endlos Trost und Freude spenden oder uns davor bewahren, uns selbst, unserer Einsamkeit, unserem Schmerz und letztlich unserem Tod ins Gesicht sehen zu müssen. Wenn wir zu sehr auf die himmlische Seite der Liebe blicken, zieht es schwere Schocks und Enttäuschungen nach sich, wenn wir unvermeidlich wieder zur Erde zurückkehren und uns mit den realen Herausforderungen befassen müssen, *wie wir eine Beziehung erfolgreich gestalten können*."[3]

Wenn ein Paar, sei es jung oder nicht mehr ganz so jung, zu heiraten beschließt, sollte es sich lieber darauf einstellen, daß es sich mit einigen echten Schwierigkeiten wird auseinandersetzen müssen, selbst wenn alles denkbar positiv läuft. Für die meisten Leute ist es eine enorme Belastung, eine neue Beziehung gut zu gestalten. Wenn ein Paar weiß, daß Schmerz und Belastungen unvermeidlich sind, hat es eine erheblich bessere Chance, damit fertig zu werden. Der Schlüssel ist, sich bewußt zu sein, worauf man sich einläßt, damit man sich hinterher nicht schockiert voneinander abwendet.

Unsere Erwartungen sind weitgehend davon geprägt, was wir in unserem Elternhaus erlebt haben. Wenn Ihre Eltern Ihnen einen Einblick in ihr eigenes gemeinsames Leben gegeben haben – in die Meinungsverschiedenheiten, Kämpfe, Freuden und Meilensteine –, dann haben Sie vermutlich eine ziemlich realistische Vorstellung von der Ehe. Aber manchmal verbannen Eltern in bester Absicht all die schwierigen Dinge hinter verschlossene Türen, oder – was noch schlimmer ist – sie vergraben sie in ihrem eigenen Innern. Das vermittelt den Kindern den Eindruck, daß die Ehe eine relativ leichte Sache ist.

Die Wahrheit ist, daß eine erfolgreiche Ehe eine unglaubliche Menge harter Arbeit erfordert. Sie werden viel Leid erleben, und es wird immer wieder Probleme geben. Und so gut Ihre Ehe auch verlaufen mag – es wird dennoch Dutzende persönlicher Herausforderungen geben, in denen Sie beweisen müssen, was in Ihnen steckt. Etwas anderes zu erwarten heißt, den Problemen Tür und Tor zu öffnen.

Ich habe viele Ehen zerfallen sehen, weil die Paare erwarteten, daß das Leben voller efeubewachsener Ferienhäuser, Spaziergänge am Strand, heißer Liebesszenen und Spaß am laufenden Band sei. Das ist einfach nicht die Realität.

7. Einer oder beide Partner haben schwere, unverarbeitete Persönlichkeits- oder Verhaltensprobleme

Wenn es in der Persönlichkeit oder dem Verhalten Ihres Partners Eigenschaften gibt, die Ihnen zu denken geben – wie etwa Eifersucht, Jähzorn, Verantwortungslosigkeit, Unehrlichkeit oder Sturheit –, dann fragen Sie sich, ob Sie bereit sind, sich für den Rest Ihres Lebens mit diesen Problemen auseinanderzusetzen. Persönlichkeitszüge wie diese lösen sich selten einfach in Luft auf, sobald man verheiratet ist. Deshalb bin ich sehr besorgt, wenn ein Paar auf die Ehe zusteuert, obwohl es erhebliche Defekte gibt, die noch nicht behoben sind.

Die meisten der oben genannten Probleme sind Persönlichkeitszüge, das heißt, sie zeigen sich immer wieder in vielen verschiedenen Situationen, nicht nur ein- oder zweimal während eines langen Zeitraums. Wenn Ihre mögliche Partnerin vor zwei oder drei Monaten einmal schlechte Laune hatte, dann ist das nicht der Rede wert. Aber wenn sie innerhalb einer Woche starke Stimmungsschwankungen durchmacht und es zu viele solcher „Wochen" gibt, dann haben Sie es mit einem verfestigten Persönlichkeitszug zu tun.

Wahrscheinlich fingen diese Schwierigkeiten an, als die betreffende Person nach Strategien suchte, um mit einem bestimmten Lebensbereich fertig zu werden. Nehmen Sie zum Beispiel das Lügen. Sagen wir, Ihr potentieller Partner ist irgendwann in eine Klemme geraten, vielleicht schon als kleines Kind. Wenn er die Wahrheit sagte, verlor er das Gesicht oder ihm wurde etwas entzogen, das für ihn großen Wert hatte – zum Beispiel das Recht, noch zum Fernsehen aufzubleiben. Also log er, und als er das tat, nahm seine Angst, mit Schmerz konfrontiert zu werden, ab. Dieses Ergebnis seines Verhaltens macht es wahrscheinlicher, daß er unter ähnlichen Umständen wieder lügen wird, wenn er das nächste Mal in ein Dilemma gerät. Wenn solche Verhaltensweisen immer wieder ausprobiert und regelmäßig durch das Ergebnis „verstärkt" werden, wachsen sie sich zu einer Gewohnheit aus.

Wenn ein Mensch, den Sie lieben, immer wieder unzuverlässig, unwahrhaftig oder reizbar ist, dann werden Sie es äußerst schwer haben, Vertrauen aufzubauen, geschweige denn das Zusammensein mit diesem Menschen zu genießen. Und wenn Sie Ihrem Partner nicht vertrauen oder die Gemeinschaft mit ihm nicht genießen können, seien Sie gewarnt!

Wenn die Person, die Sie im Auge haben, mit Drogen, Alkohol oder sexueller Untreue Probleme hat, sollten Sie *absolut sichergehen,* daß sie dieses Problem vor Ihrer Heirat aufgearbeitet hat. (Im vierten Kapitel komme ich noch ausführlicher darauf zu sprechen, wie Sie Problembereiche bei Ihrem potentiellen Partner herausfinden.) Wenn Sie das nicht tun, passiert zweierlei: Ihr Hebel wird erheblich kürzer werden, sobald Sie Ihre langfristigen Absichten geäußert haben. Das heißt, Ihr Partner wird nur wenig Motivation verspüren, sein Verhalten zu bessern, wenn Sie erst einmal verheiratet sind. Noch schlimmer wird die Sache dadurch, daß die Belastungen der Ehe die Probleme eher vergrößern und im Lauf der Zeit immer schwerer beherrschbar machen.

Ein höchst erfolgreicher Geschäftsmann erzählte mir vor ein paar Tagen, seine Ehe sei ruiniert, weil er ein offensichtliches psychisches Problem ignoriert hatte, das er bei seiner Frau schon lange vor ihrer Hochzeit erkannte. „Sie muß *immer* ihren Willen bekommen", sagte er mir, „und das war schon so, als ich sie kennenlernte. Als wir befreundet waren und überlegten, in welchen Film wir gehen wollten, traf sie ihre Wahl und ließ sich auf keinen Kompromiß ein. Im Lauf der Jahre lief eine Sache nach der anderen nach demselben Muster – wann wir Kinder haben würden, wie viele wir haben würden, wie sie heißen sollten, wo wir wohnen würden, und so weiter und so fort. Es gab keine wichtige Entscheidung, bei der sie nicht ihren Willen durchsetzen wollte. Und allmählich begriff ich, daß mir nur zwei Möglichkeiten blieben: mich ihr zu fügen oder mich von ihr zu trennen. Ich hasse Scheidungen, und ich habe mich bisher geweigert aufzugeben, aber meine ganze Ehe ist ein einziges Elend gewesen."

Eine traurige Geschichte, nicht wahr? Sie fragen sich vielleicht, ob dieser Mann und seine Frau sich genug angestrengt haben, mit diesem Problem fertig zu werden. Als ich ihn danach fragte, versicherte er mir, daß sie dreimal eine intensive Eheberatung gemacht hätten. Dennoch hatte sich an dem Problem im Lauf der Jahre kaum etwas verändert.

Steuern Sie unter keinen Umständen auf die Ehe zu, solange schwerwiegende persönliche Probleme nicht verarbeitet und völlig überwunden sind. Tun Sie es dennoch, ist Ihre Beziehung möglicherweise in großer Gefahr.

Das erste Prinzip kurz gefaßt

Das sind sie also, die sieben verhängnisvollsten Ursachen für eine falsche Partnerwahl. Wenn Sie diese Ursachen ausmerzen können, haben Sie Ihre Chancen, eine solide Ehe aufzubauen, bedeutend verbessert.

Vielleicht fragen Sie sich, wie viele dieser sieben Gefahrensignale Sie verletzen können, ohne daß das Risiko zu groß wird. Leider ist die Antwort: *Keines.* Es ist zwar möglich, daß zwei Leute heiraten, obwohl sie sich erst ein paar Wochen lang kennen, und ihre Ehe dennoch ein Erfolg wird. Das würde ich nie leugnen, denn ich weiß, daß so etwas vorkommt. Aber es ist eindeutig eine Ausnahme von der Regel. Dieselbe Überlegung gilt für die anderen sechs Probleme.

Wenn Sie dieses erste Prinzip befolgen, haben Sie die wichtigsten Ursachen für eine falsche Partnerwahl ausgeschaltet. Dann werden Sie die Freiheit haben, positiver darüber nachzudenken, wie durch eine bewußte, sorgfältige

Gestaltung Ihre Ehe wunderbar glücklich und sinnerfüllt werden kann.

Die harte Arbeit, eine kluge Partnerwahl zu treffen, lohnt sich ungemein. Ich bin immer wieder erstaunt über die enorme Anzahl von Menschen, die durch jede Ehe beeinflußt werden. Wer hätte zum Beispiel an jenem Sommertag 1915, als meine Mutter und mein Vater heirateten, geahnt, daß unsere Familie (Kinder und Enkelkinder) noch zu Lebzeiten der beiden fünfundvierzig Personen zählen würde – von denen jeder einzelne spürt, daß ihre Ehe sein eigenes Leben in vieler Hinsicht bedeutend beeinflußt hat?

Ich bin begeistert von dem Gedanken, daß Menschen ihre Chance, glücklich zu sein, beträchtlich erhöhen und ihren Lieben eine gesunde Umgebung bieten können, wenn sie sich das große Gewicht dieser sieben Problembereiche bewußtmachen.

Zweites Prinzip: Entwickeln Sie eine klare Vorstellung von Ihrem idealen Ehepartner

Meine Frau und ich veranstalteten kürzlich eine Geburtstags-Überraschungsparty für einen unserer engsten Freunde. Während der Party mischte ich mich unter die Gäste, wie es ein guter Gastgeber tun sollte, und lernte ein Ehepaar kennen, das offenbar mehr Geschick im sozialen Umgang hatte als ich. Das heißt, sie brachten mich dazu, über *mich* zu reden – anstatt daß ich sie dazu brachte, über *sich* zu reden.

Ich erzählte diesem Paar, daß ich gerade dabei sei, ein Buch über Partnerwahl zu schreiben. Sie zeigten sofort Interesse und erzählten kurz von der Art und Weise, wie sie sich gegenseitig als Ehepartner ausgesucht hatten. Ein paar Tage später bekamen wir einen Brief von der Frau, die uns für die Party dankte. Außerdem schrieb sie noch etwas mehr darüber, wie sie und ihr Mann zusammengekommen waren: „Es erscheint alles wie ein Wunder, besonders wenn ich bedenke, daß ich Lou auf den Stufen des Huntington-Hotels kennenlernte, als ich gerade eine ‚blinde' Verabredung mit seinem Marine-Stubenkameraden hatte. Lou war mit einem alten Freund aus der High School zusammen. Mein Begleiter war ein netter Kerl, aber Lou war der Richtige für mich – davon war ich bald überzeugt. Vielleicht war es Intuition – oder was auch immer. Ich frage mich heute noch, woher wir es einfach wußten!"

Ich kann Ihnen gar nicht sagen, wie vielen Leuten ich schon begegnet bin, die „einfach wußten", daß sie die richtige Person zum Heiraten gefunden hatten. Wenn diese Leute gründlich über ihre erste Begegnung nachdenken, kommen sie zu der Vermutung, es habe an der *Intuition* gelegen. Aber das verwirrt mich. Wenn eine Ehe glücklich wird, ist das dann auf gute Intuition zurückzuführen? Und wenn eine Beziehung auseinanderbricht, liegt das dann an fehlgeleiteter Intuition?

Die Wahrheit ist, daß ich eigentlich nicht an Intuition glaube. Nach all den Jahren, in denen ich Menschen bei der psychotherapeutischen Beratung zugehört und sie aus allen erdenklichen Blickwinkeln analysiert habe, bin ich zu einem bestimmten Schluß gekommen: Mir scheint, daß *Intuition* nur ein Wort ist, das wir gebrauchen, wenn wir uns nicht recht vorstellen können, was für dieses innere Gefühl verantwortlich war, etwas „einfach zu wissen". Doch das Wort Intuition weckt die Vorstellung, daß da etwas beinahe Magisches im Spiel sei oder etwas, das ganz zufällig Teil unseres inneren Wesens ist. Nichts könnte weiter von der Wahrheit entfernt sein!

Tatsache ist, daß das, was wir Intuition nennen, in Wirklichkeit „unbewußte Vorgänge" sind, über die wir nie bewußt die Kontrolle übernommen haben. Und genau da liegt das Problem! Diese Gedanken und Gefühle, die unter der Oberfläche liegen, sind oft nur schwach ausgebildet und einfach nicht vertrauenswürdig. Es gibt zu viele Dinge, von denen sie beeinflußt werden können, zu viele wilde und irrationale Kräfte, die sie verbiegen und verdrehen können, so daß wir in die Irre geführt werden können. Ein vorherrschendes Thema dieses Buches ist, daß eine so gewaltige Entscheidung wie eine Eheschließung höchst präzises Nachdenken erfordert. Es ist entscheidend wichtig, daß Sie eine rationale, aktive, voll und ganz bewußte Entscheidung darüber treffen, was für eine Art von Mensch Sie heiraten wollen. Das Verlassen auf eine vage Intuition ist vielleicht die beste Erklärung für die hohe Scheidungsrate in unserer Gesellschaft.

Buchstäblich jeder Mensch hat ein „Bild“ von der Art von Person, die er gerne heiraten würde, im Kopf. Doch die meisten Leute halten dieses Bild aus ihrem Bewußtsein heraus. Bleiben diese Bilder jedoch unbewußt, sind sie schwer zu verstehen, und es ist fast unmöglich, sie zu verändern. Aber sie sind darum nicht weniger wirksam! Sie leiten uns zu bestimmten Arten von Leuten, die wir dann automatisch mit dem Bild in unseren Köpfen vergleichen. Unser innerer Computer verwirft die „Kandidaten“, die dabei schlecht abschneiden, und bringt uns dazu, den wenigen, die vorteilhaft abschneiden, nachzugehen.

Sie haben das wahrscheinlich auch schon erlebt. Sie sind vielleicht auf eine Party gegangen und haben mehrere interessante und attraktive Leute getroffen. Als Sie sich unter sie mischten und sie besser kennenlernten, stiegen einige von ihnen auf der Skala Ihres Interesses höher, und andere fielen ab. Warum? Was führt dazu, daß manche Angehörige des anderen Geschlechts attraktiver oder weniger attraktiv für uns werden, wenn man sie besser kennenlernt? Natürlich könnte es an offensichtlichen Faktoren wie üblen Ausdrücken oder Kratzbürstigkeit liegen. Doch wenn wir die Gewinner und Verlierer sortieren, kommt es meistens darauf an, in welchem Maße die andere Person mit unserem unbewußten Bild übereinstimmt.

Wie werden diese Bilder geprägt? Dazu gibt es drei wichtige Theorien:

1. Der Idealpartner in unseren Köpfen ist wie unser Elternteil vom anderen Geschlecht. Als ich jung war, sang ich oft das Lied „Ich will ein Mädchen wie das Mädchen, das den guten alten Dad geheiratet hat“. Ich nehme an, daß die meisten Jungen irgendwann in ihrem Leben die Eigenschaften ihrer Mutter bewundert haben, während Mädchen ihren Vater idealisierten. Es gibt jedoch nur sehr wenige empirische Untersuchungen, die diese Theorie stützen. Eine Studie kam sogar zu dem Schluß, daß sowohl Jungen als auch

Mädchen besonders stark von ihren Müttern beeinflußt werden, wenn es darum geht, was für eine Art von Person sie heiraten werden.

2. Das Bild nährt sich aus Bedürfnissen, die wir als Kind dem andersgeschlechtlichen Elternteil gegenüber hatten, die aber unbefriedigt blieben. Diese Theorie besagt, daß wir uns einen Partner suchen, der uns hilft, diese Bedürfnisse zu befriedigen – etwa Fürsorge, Zuneigung, Spontaneität –, auf die unser andersgeschlechtlicher Elternteil nie eingegangen ist.

Harville Hendrix' hervorragendes Buch *Getting the Love You Want* (Wie Sie die Liebe bekommen, die Sie sich wünschen) geht von diesem Ansatz aus. Die Forschungsergebnisse sind zwar spärlich, aber er argumentiert dennoch überzeugend für diese Theorie: „Der Teil des Gehirns, der die Suche nach einem Partner steuerte ..., versuchte, ... die Bedingungen des familiären Hintergrundes zu rekonstruieren, um sie zu korrigieren ... Er versuchte, zum Schauplatz der ursprünglichen Frustrationen zurückzukehren, damit die Person ihre unerledigten Probleme aufarbeiten könnte."[1]

„Wenn wir nach einem Partner suchen, ist unsere Beobachtungsfähigkeit besonders geschärft, denn es geht darum, jemanden zu finden, der unsere fundamentalen unbewußten Triebe befriedigen kann. So unterziehen wir jeden derselben intensiven Prüfung: Ist dies jemand, der mir Zuwendung geben und mir helfen wird, mein verlorenes Selbst wiederzufinden?"[2]

3. Jedes Kind wird von zahllosen Personen beeinflußt, und jede davon trägt zur Prägung des Bildes von dem gewünschten Ehepartner bei. (Dies ist die Theorie, der ich am meisten zuneige.) Ihre Eltern, Verwandten, Lehrer und Trainer und andere Menschen, denen Sie begegnet sind, hatten alle bestimmte Eigenschaften, die Sie attraktiv fanden. Und jede dieser Eigenschaften wurde zu einem Puzzleteil bei der Ausformung Ihres Bildes von einem perfekten Ehepartner.

Bilder bleiben oft unbewußt

Warum genau steigen diese Bilder meistens nicht in unser Bewußtsein auf? Ich glaube, der Hauptgrund dafür ist Furcht. Die Wahl eines Ehepartners ist etwas Beängstigendes, weil dabei viele Faktoren außerhalb unserer Kontrolle stehen. Wir finden vielleicht einen idealen Partner, aber diese fast vollkommene Person findet uns ihrerseits überhaupt nicht ideal. Und ein hoher Prozentsatz aller Menschen hat irgendwann einmal von jemandem, den sie aus tiefstem Herzen heiraten wollten, eine schmerzliche Ablehnung erfahren. Deshalb halten wir unser Bild vom idealen Ehepartner vielleicht sogar vor uns selbst geheim – aus Furcht, eine bittere Enttäuschung zu erleben. Am liebsten denken wir gar nicht erst über unseren Idealpartner nach, denn das ruft in uns Angst vor Ablehnung hervor.

Ein weiterer Grund, warum wir dieses Bild aus unserem Bewußtsein heraushalten, ist, daß wir uns dafür schämen. Es steckt soviel zutiefst Persönliches und Intimes in diesem Bild. Wenn Sie sich zum Beispiel jemanden wünschen, der Ihnen Zuwendung gibt, wenn Sie krank oder ängstlich sind – so wie Ihre Mutter es immer tat –, dann fällt es Ihnen vielleicht schwer, das einzugestehen. Wenn Sie starke, aggressive Männer mögen – selbst wenn es Ihnen zuwider war, wie Ihr Vater Ihre Mutter verbal mißhandelte –, kann es schwierig sein, Ihre widersprüchlichen Gefühle miteinander zu vereinbaren. Oder wenn Sie nach einem sehr selbstbewußten Menschen suchen, läßt die Tatsache, daß Ihre eigene Selbstachtung manchmal eher niedrig ist, Ihnen diese Träume vielleicht als unerreichbar erscheinen.

Die letzte Erklärung dafür, warum wir unser Bild vom Idealpartner nicht in unser Bewußtsein hineinlassen, ist vielleicht die zutreffendste von allen. Es liegt daran, daß wir uns über dieses Bild zu unsicher sind. Auf einer bestimmten Ebene sind wir uns bewußt, daß unser mangelndes Verständnis für unsere eigene Persönlichkeit der Fähigkeit, uns ein klares Bild von einem guten Partner zu machen, sehr enge Grenzen setzt. Die meisten von uns haben nie Hilfe dabei erfahren, zu durchdenken, was für Leute sie eigentlich sind und mit was für einem Partner sie die besten Aussichten auf eine erfüllte Ehe hätten. Wir wissen zwar, was für eine entscheidende Wahl wir da treffen müssen, aber wir fühlen, daß wir darauf nicht vorbereitet sind. Deshalb halten wir das unvollendete Bild aus unserem bewußten Blick heraus.

Vielleicht haben all diese Erklärungen ihren Wert – aber eines ist sicher: Die meisten Leute könnten Ihnen eher sagen, ob ihnen scheint, daß eine bestimmte Person die „richtige" ist, als daß sie angeben könnten, was sie unter „richtig" verstehen. Doch irgendwo muß dahinter ein Bild stehen, auf dem die schnellen Urteile darüber, ob ein Kandidat „richtig" oder „falsch" ist, beruhen.

„Die Person meiner Träume" und „Die Person, die ich anziehen kann"

Irgendwo sind wir uns darüber im klaren, daß wir nicht jeden Menschen anziehen können, bei dem wir das wünschen. Wir sind alle verschieden, was unsere körperliche Attraktivität angeht, unsere Intelligenz, unsere Bildung, unsere geistliche Vitalität, unser zwischenmenschliches Geschick, unsere finanziellen Aussichten und so weiter. So schwer es auch zu akzeptieren sein mag – die Leute, die wir tatsächlich anziehen können, sind möglicherweise ganz andere als die, von denen wir träumen. Es ist zwecklos, so zu tun, als ob diese Realitäten nicht bestünden.

Kürzlich sah ich einen Cartoon von Peter Kohlsaat. Er zeigt einen Mann mittleren Alters, der in der Zeitung eine Kontaktanzeige liest. Die Anzeige hat folgenden Wortlaut: „Unglaublich reiche und attraktive, sportliche naturblonde

Frau, Dr. phil, Dr. med., Gewinnerin des Pulitzer-Preises für Literatur, exzellente Köchin, vielsprachig, mit Spaß am Fischen, an Baseball, Automechanik und Pool-Billard, sucht durchschnittlichen Mann zwischen zwanzig und fünfundsiebzig, um die innersten Emotionen mit ihm zu teilen. Gutes Aussehen und finanzielle Sicherheit keine Voraussetzung." Unter der Zeichnung heißt es in großen Lettern: „Wahrheit in der Werbung gilt nicht für persönliche Anzeigen."

Was dieser Cartoon so treffend zum Ausdruck bringt, ist offensichtlich, daß Leute mit einem solchen Überfluß an attraktiven Eigenschaften höchstwahrscheinlich nicht gerade nach Partnern Ausschau halten werden, die über viel weniger Anziehendes verfügen.

Tatsache ist nun einmal, daß manche Leute mehr Auswahl als andere haben, wenn sie heiraten wollen. Sie sind genetisch mit attraktiveren Eigenschaften ausgestattet. So unfair es auch scheinen mag – bewundernswerte Attribute sind nicht unter allen Männern und Frauen gleichmäßig verteilt. Ich bin sicher, Sie kennen jemanden, der anziehende Eigenschaften in sich zu vereinen scheint – Intelligenz, gutes Aussehen, Sportlichkeit, Schlagfertigkeit und Ausstrahlung.

Andere Leute sind bevorzugt, was die emotionale Stabilität ihres Elternhauses angeht. Sie hatten vielleicht emotional gesunde Eltern, eine enge Familiengemeinschaft, reichlich Liebe, angemessene finanzielle Sicherheit und ständige Ermutigung, ihr Bestes zu geben. Ein solcher Hintergrund bietet Menschen eine Menge Vorteile (Selbstachtung, Ausbildungsmöglichkeiten, kultivierte Umgangsformen), die anderen vielleicht fehlen.

Wenn Sie aus einem Elternhaus stammen, in dem es eine Scheidung, Mißhandlungen oder ständige Konflikte gab, kann es sein, daß Sie sich auf eine Weise entwickelt haben, die Ihnen Nachteile einbringt, wenn es darum geht, eine Person des anderen Geschlechts anzuziehen. Das kann etwa an einer niedrigen Selbstachtung, an Angst vor Intimität, an unverarbeitetem Zorn oder einer Vielzahl von anderen Problemen liegen.

Aber ich möchte auf zwei entscheidende Dinge hinweisen, bevor Sie jetzt denken, mit Ihrem Hintergrund sei nun einmal nichts zu machen. Erstens kann es neben der Person, die Sie heute sind, auch die Person geben, die Sie *werden* können. Ich glaube, daß es im Leben sehr darauf ankommt, daß Sie Ihr positives Potential so vollständig wie möglich verwirklichen. Wenn Sie an dem Punkt anfangen, an dem Sie heute stehen, und sich daran machen, sich stetig auf Ziele zuzubewegen, dann werden Sie nicht nur auf Ihre Fortschritte stolz sein können, sondern Sie werden auch wesentlich attraktiver für Angehörige des anderen Geschlechts. Wenn Sie durch Probleme behindert werden, die aus Ihrer Erziehung stammen, dann setzen Sie alles daran, diese Probleme aufzuarbeiten und Ihr Potential zu entfalten.

Diese Art emotionalen Wachstums erreichen Sie am besten, indem Sie sich zunächst ganz klarmachen, daß Sie gerade so, wie Sie sind, liebenswert sind. Wenn Ihr Streben nach Auszeichnung daraus erwächst, daß Sie die Art und Weise, wie Sie geschaffen sind, wertschätzen, dann werden Sie große Sprünge nach vorn machen. Aber wenn Sie meinen, Sie müßten erst anders werden, bevor jemand Sie lieben könnte, wird Ihre Angst nur zunehmen, und Ihr Wachstum wird sich verzögern. Sie *sind* liebenswert! Und Sie *können* mehr von Ihrem Potential verwirklichen, als Sie es bisher getan haben.

Zweitens hängt es nicht von irgendeiner einzelnen Eigenschaft ab, wie attraktiv Sie für das andere Geschlecht sind. Ihre Attraktivität hängt vielmehr von der *Gesamtheit* aller Ihrer Eigenschaften ab. Ihre Stärken können Ihre Schwächen ausgleichen. Ein hoher Wert bei einer Eigenschaft wie „Persönlichkeit“ kann einen niedrigeren Wert bei einer anderen Eigenschaft wie „gutes Aussehen“ ausgleichen. Es geht darum, Ihre Stärken so weit wie möglich zu entwickeln und Ihre Schwächen zu verringern. Wenn Sie zum Beispiel den Eindruck haben, daß Ihre Umgangsformen zu wünschen übrig lassen, gibt es tausend Möglichkeiten, das zu ändern. Lesen Sie Bücher zum Thema, nehmen Sie an einem Kurs teil oder reden Sie mit Freunden, die Sie auf diesem Gebiet bewundern.

Machen Sie sich auch klar, daß verschiedene Angehörige des anderen Geschlechts Ihre Qualitäten unterschiedlich beurteilen werden. Manche Leute fühlen sich von einem starken Sinn für Humor sehr angezogen, während anderen beruflicher Ehrgeiz gefällt und wieder andere geistlichen Tiefgang für das Wichtigste halten.

Meine Herausforderung an Sie ist also, alles zu werden, was Sie werden können. Gleichzeitig möchte ich Ihnen Mut machen, sich selbst ehrlich ins Gesicht zu sehen und sich über Ihre Attraktivität insgesamt Rechenschaft zu geben. Aber denken Sie daran: Wahrscheinlich ist es das beste, nach jemandem zu suchen, der Ihnen ein wenig überlegen zu sein scheint – und dann mit allem, was Ihnen zu Gebote steht, zu versuchen, die Person zu werden, die für diesen Menschen attraktiv ist.

Was genau wünschen Sie sich von Ihrem Partner?

Marcia und Thomas Lasswell sagen zum Thema Attraktivität: „George Bernard Shaw ... bemerkte einmal, Liebe sei ein übertriebener Nachdruck auf dem Unterschied zwischen einer Person und allen anderen. Sobald wir einmal entdeckt haben, daß nicht alle Menschen gleich sind, fangen wir an, verschiedenen Menschen verschiedene Gefühle entgegenzubringen. Wir fühlen uns in Gegenwart mancher Leute ‚besser', ‚glücklicher' oder ‚stärker' als in Gegenwart anderer. Mit manchen möchten wir mehr Zeit verbringen, mit anderen weniger (oder vielleicht gar keine). Wir spüren sogar körperliche Veränderungen bei uns, wenn bestimmte Leute in unserer Nähe sind. Da in einem bestimmten Stadium in jeder Beziehung die Anziehungskraft zwischen zwei Menschen eine Rolle spielt, ist es wichtig, dieses Phänomen zu verstehen."[3]

Es ist entscheidend, daß Sie sich Ihr Bild von der Person, zu der Sie sich hingezogen fühlen möchten, verdeutlichen. Ich unterscheide zehn allgemeine Bereiche, die Sie bedenken sollten, wenn Sie das Bild Ihres Idealpartners klarer ausprägen. Vielleicht wollen Sie zusätzliche Kriterien hinzufügen, aber dies sind die Bereiche, die am häufigsten bedacht werden. Denken Sie zuerst über die spezifischen Eigenschaften aus jedem dieser Bereiche nach, die Ihren Idealpartner beschreiben. Dann ordnen Sie diese zehn Bereiche von „am wichtigsten" bis „am wenigsten wichtig", damit Sie wissen, welche davon für Sie die größte Bedeutung haben. wenn Sie damit fertig sind, müßten Sie eigentlich ein klares Bild von der „idealen Person" gewonnen haben, mit der Sie gerne den Rest Ihres Lebens verbringen würden.

Persönlichkeit

Was für eine Persönlichkeit sollte Ihr zukünftiger Partner haben? Hier sind fünf Fragen, über die Sie nachdenken können:

1. Möchten Sie, daß Ihr Partner still und etwas schüchtern ist, oder soll er lieber gesprächig und gesellig sein?
2. Ziehen Sie ernsthafte und logische Leute vor oder die, die alles eher gelassen sehen und leichtnehmen?
3. Fühlen Sie sich eher zu witzigen oder zu ernsthaften Leuten hingezogen?
4. Hätten Sie gern jemanden, der stark und unabhängig ist, oder lieber jemanden, der die Entscheidungen Ihnen überläßt?
5. Ist Ihnen Weichheit oder Härte lieber – das heißt, jemand, der sanft ist und selten Zorn zeigt, oder jemand, der genau sagt, was er oder sie denkt und fühlt?

So viele verschiedene Persönlichkeiten es in der Welt auch geben mag, für jede gibt es irgend jemanden, der gut zu ihr paßt. Das Entscheidende ist, daß Sie nicht nach jemandem suchen sollten, dessen Persönlichkeit so ist wie die Ihres Vaters oder Ihrer Mutter – sondern nach dem Menschen, dessen Persönlichkeit Sie durch die Jahre hindurch wirklich glücklich machen würde.

Mein Vater war ein starker, unabhängiger Mann. Er wuchs bei einer ebenso starken, dominierenden Mutter auf, und ihre Kinder schienen eher ihre Züge zu übernehmen als die weicheren, sanfteren Züge des Vaters. Was mein Vater brauchte, war eine Partnerin, die mit seinen starken Überzeugungen und seinem dominanten Stil umgehen konnte, eine Partnerin, die mit seiner Persönlichkeit harmonisieren würde. Zum Glück für die beiden – und für meine beiden Schwestern und mich – paßte die Persönlichkeit meiner Mutter gut mit der meines Vaters zusammen.

Meine Eltern kannten sich selbst gut genug, um zu verstehen, was für einen Ehepartner sie brauchten. Und genauso gut sollten auch Sie sich kennen, denn eine gute Partnerwahl hängt in hohem Maße davon ab. Suchen Sie nicht nach jemandem, der Chancen hätte, von der Öffentlichkeit oder von Ihren Freunden zum „Ehepartner des Jahres“ ernannt zu werden. Sondern wählen Sie einen Menschen mit einer Persönlichkeit, mit der *Sie* leben und an der *Sie* sich erfreuen können.

Intelligenz

Niemand will jemanden heiraten, der erheblich weniger intelligent ist als er selbst. Aber vielleicht wollen Sie auch nicht gerade ein Genie heiraten. Tatsache ist, daß viele Leute mit sehr hohem Intelligenzquotienten Schwierigkeiten im Umgang mit Menschen haben.

Als ich auf der Universität war, verbrachte ich viele

Samstage damit, Leute zu testen, die bei großen Fluggesellschaften Piloten werden wollten. Wir führten mit diesen Kandidaten alle möglichen technischen und allgemeinen Tests durch, um herauszufinden, ob sie das Zeug dazu hatten, gute Piloten zu werden. Eines der faszinierenden Dinge, an die ich mich erinnere, hatte mit einem „Korrektheitsfaktor" zu tun, den wir auf gewisse korrekte Antworten bei einem Test zu „allgemeinen Informationen" anwandten. Wissenschaftler hatten herausgefunden, daß die besten Piloten nicht unbedingt die seien, die am meisten wußten; also senkten wir die Punktzahlen derer, die zuviel wußten. Ihr großes Wissen in allgemeinen Bereichen bedeutete, daß sie zu breit gebildet und für die spezialisierten Aufgaben eines Piloten nicht spezifisch geeignet waren.

Manchmal kann ein potentieller Ehepartner zu intelligent sein. Oder vielleicht ist er auf eine Art und Weise intelligent, die schlecht zu Ihnen paßt. Was für eine Art von Intelligenz soll Ihr zukünftiger Partner haben? Jüngere Untersuchungen zeigen, daß in stabilen Ehen die Intelligenz beider Partner sehr ähnlich ist. Das heißt, den Paaren ergeht es am besten, wenn sie auf etwa gleicher Stufe stehen – ob sie nun beide Genies, durchschnittlich intelligent oder eher einfachen Gemüts sind.

Was für eine Art von Intelligenz wünschen Sie sich bei Ihrem Partner – eher analytisch oder eher intuitiv? Wäre Ihnen ein „Denker" oder ein „Fühler" lieber? Gehen Sie lieber mit jemandem ins Kino, der hinterher analysiert, was der Film aussagen wollte, oder mit jemandem, der davon spricht, welche Gefühle der Film in ihm geweckt hat?

Denken Sie daran, daß es verschiedene Arten von Intelligenz gibt. Manche Leute haben ein unglaubliches Gedächtnis und können sich Fakten über jedes beliebige Thema merken. Andere wieder haben ein großes Talent für Sprachen, wie mein Freund Bob. Er spricht fünf oder sechs Sprachen fließend – während es mir schwerfällt, mich an fünfzig Wörter aus meinen zwei Jahren Französisch auf dem College zu erinnern. Wieder andere können gut einen technischen Aufbau erkennen und schematische Darstellungen umsetzen. Unsere Tochter Luann zeigte diese Art von Intelligenz schon in sehr frühem Alter. Sie konnte verschiedene Geräte zusammenbauen, indem sie Anleitungen befolgte, die ihr dreißigjähriger Vater nicht verstehen konnte.

Der Punkt ist, daß Menschen nicht nur in unterschiedlichem *Maß*, sondern auch in unterschiedlicher *Weise* intelligent sind. Deshalb schlage ich vor, daß Sie sich darüber Gedanken machen, über wieviel und welche Art von Intelligenz Ihr Partner verfügen soll.

Aussehen

Wenn es darum geht, sich ein Bild vom Idealpartner zu machen, zielt das Fernsehen mehr auf das *Aussehen* als auf jede andere Eigenschaft ab. Ist Ihnen das aufgefallen? Wie jemand aussieht und sich anzieht, wird als überragend wichtig dargestellt.

Es entsteht der Eindruck, daß Liebe zwischen zwei Menschen automatisch eintreten muß, wenn sie nur den Kriterien für gutes Aussehen genügen. Sie müssen sich so modisch wie möglich anziehen, Ihre Frisur dem Stil der Zeit anpassen und einen roten Sportwagen fahren.

1986 untersuchte der Wissenschaftler Stanley Woll, nach welchen Kriterien die Kunden einer Computer-Eheanbahnungsfirma die Videobänder auswählten, die sie sich von möglichen Partnern ansehen wollten. Die Männer und Frauen lasen die biographischen Kurzdarstellungen durch und sollten dabei laut über die Faktoren nachdenken – Alter, Attraktivität, Beruf, Hobbys und so weiter –, nach denen sie entschieden, ob sie sich das Videoband einer Person ansehen wollten oder nicht. Alter und Attraktivität waren die bei weitem am häufigsten genannten Faktoren.[4]

Es wäre zwar töricht, sich bei Ihrer Entscheidung zu stark auf das Aussehen zu stützen, aber Sie sollten Ihren individuellen Geschmack berücksichtigen, wenn Sie das Bild Ihres Idealpartners prägen. Entscheidend dabei sind Ihre *eigenen* Vorlieben bezüglich Größe, Gewicht, Gesichtsschnitt, Haarfarbe, Kleidungsstil, Reinlichkeit und Bewegung.

Als ich ein Jugendlicher war, wurde als selbstverständlich vorausgesetzt, daß in Freundschaften der Junge immer größer ist als das Mädchen, und dieses Prinzip wurde buchstäblich niemals verletzt. Heute ist es nicht ungewöhnlich, eine große Frau und einen kleinen Mann zusammen zu sehen. Spielt es für Sie eine Rolle, ob der Mann größer ist als die Frau?

In unserer Kultur wird großer Wert darauf gelegt, das Ihrer Größe entsprechende „richtige Gewicht" zu haben – nicht zu dünn und nicht zu dick. Wenn es eine vorherrschende Vorliebe gibt, dann geht sie in den USA in Richtung dünner Frauen und „solider" oder starker Männer. Doch in anderen Kulturen gibt es andere Gewichtsideale. Meine Kollegin Dr. Angela Rose ist Griechin. Als sie heranwuchs, lebte ihre Familie in Los Angeles, verbrachte jedoch die Sommer in Griechenland. In Amerika galt sie als körperlich fit, doch in Griechenland sagten alle, sie wäre zu dünn.

Die Vorstellungen vom idealen Aussehen sind also von Kultur zu Kultur und von Mensch zu Mensch unterschiedlich. Versuchen Sie, Ihren eigenen Geschmack von dem zu unterscheiden, was Ihnen von den populären Medien präsentiert wird. Finden Sie heraus, welches Aussehen Ihnen wirklich zusagt.

Ehrgeiz

Ich habe eine Reihe von Paaren beraten, für die bedeutende Unterschiede darin, wie ehrgeizig sie waren, zum Fallstrick wurden. Damit ihre Beziehung überleben kann, ist es äußerst wichtig, daß zwei Menschen ungefähr gleich ehrgeizig sind.

rinnere mich an ein Paar, das ich vor einigen Jahren beriet und das mit diesem Bereich Schwierigkeiten hatte. Jane war die Tochter eines Politikers, der sowohl als Geschäftsmann wie auch in der Politik äußerst erfolgreich gewesen war. Ron war ein fröhlicher und sorgloser Elektronikverkäufer. Er kam gut zurecht, hätte aber noch weitaus besser zurechtkommen können, wenn er sich nicht soviel mit Sport beschäftigt hätte, besonders mit Golf. Er machte oft schon um zwei oder drei Uhr nachmittags Feierabend, um noch seine achtzehn Löcher zu spielen. Er war zufrieden, wenn er genug verdiente, um seine Rechnungen bezahlen und seinen Hobbys frönen zu können. Es war ausgeschlossen, daß er je den Erfolg erzielen würde, den Jane gewohnt war – zumindest nicht in seinem gegenwärtigen Tempo.

Jane dagegen war bereits Vizepräsidentin einer Firma, die ihr Vater gegründet hatte. Sie arbeitete zehn bis zwölf Stunden täglich und nahm abends oft noch Arbeit mit nach Hause. Sie träumte davon, eines Tages mit den Kindern zu Hause bleiben zu können, aber das würde nur möglich sein, wenn Ron die gleiche Hingabe an seine Arbeit entwickelte wie sie. Ron stritt darüber nicht mit ihr, außer daß er sagte, er rechne damit, im Laufe der Jahre vorwärtszukommen, und er wünsche sich, Jane würde sich entspannen und das Leben genießen.

Jane beschloß schließlich, Ron zu heiraten, obwohl das Ehrgeiz-Problem für sie ein Konflikt blieb. Mitten in den Flitterwochen fiel auf einmal alles auseinander. Sie erhielten einen Anruf, daß Rons Lebensversicherung gekündigt würde, falls nicht per Express eine fällig Rate geschickt würde. Er erklärte, er hätte diesen Monat eine Verkaufsflaute und sei nicht in der Lage, alle Rechnungen zu bezahlen. Jane schickte das Geld von ihrem Konto. Als sie nach Hause kamen, gingen immer mehr Mahnungen ein. Alles, woran Jane denken konnte, waren all die Nachmittage, an denen Ron nicht gearbeitet hatte.

Dann kam es noch schlimmer. Ron wurde unerwartet entlassen. Und so ging Jane jeden Tag zur Arbeit, während

Ron zu Hause blieb und die Stellenanzeigen studierte, ein paar Anrufe tätigte und eine Runde Golf spielte. Nachdem einige Wochen vergangen waren, ohne daß sich eine geeignete Stellung gefunden hatte, rief Jane mich an. Inzwischen war ihre Ehe in tiefen Schwierigkeiten.

Nicht, daß Ron nicht vermittelbar oder schrecklich verantwortungslos gewesen wäre – obwohl man darüber streiten könnte. Aus meiner Sicht war das kritische Problem der berufliche Antrieb und das Verlangen, vorwärtszukommen. Ron und Jane hatten einfach ein unterschiedliches – ein *sehr* unterschiedliches – Maß an Ehrgeiz. Und obwohl sie verheiratet blieben, wurden sie von diesem Problem weiterhin geplagt.

Es ist in Ordnung, wenn zwei Menschen sich ein sorgloses, entspanntes Leben wünschen. *Aber sie müssen sich darüber einig sein – und auch über den Weg dahin.* Andererseits, wenn sie ein großes Haus, teure Autos und internationale Reisen wollen, müssen sie sich beide über die beruflichen Vorrangigkeiten einig sein, die für solche Ziele notwendig sind.

Wenn Ehepartner ein unterschiedliches Maß an innerem Antrieb haben, kann das zu schweren Frustrationen und Konflikten führen. Aber wenn ihr Maß an Ehrgeiz ähnlich ist, kann sie das zusammenschweißen, indem sie sich bemühen, ihre Ziele zu erreichen und ihre Träume zu verwirklichen.

„Chemie“

Neulich waren zwei gute Freunde bei uns zu Besuch, ein Paar, das wir schon seit langem kennen. Sie erzählten uns, daß sie schon auf dem College eng miteinander befreundet waren – lange bevor so etwas wie ein romantisches Element in ihre Beziehung trat. Sie *mochten* sich, lange bevor sie sich *liebten.*

Ich denke, sie wollten damit sagen, daß die „Chemie“

nur eine sehr kleine Rolle dabei spielte, daß sie zusammenfanden. Sie *mußten* nicht zusammenkommen, weil sie sich etwa körperlich so sehr zueinander hingezogen fühlten. Sie verspürten keinen starken Drang, einander in die Augen zu sehen, oder einen überwältigenden Antrieb, sich zu berühren. Sie verbrachten Zeit miteinander, weil sie gemeinsame Interessen und ähnliche Wertvorstellungen hatten. Mit der Zeit jedoch wuchsen ihre Gefühle füreinander, und sie erkannten, daß ihre Freundschaft sich in eine großartige Ehe verwandeln ließe.

Obwohl viele Leute – genau wie diese Freunde – nicht von Anfang an emotionale Funken schlagen, glaube ich, daß gegenseitige Anziehung entscheidend für die langfristige Zufriedenheit in der Ehe ist. Was meinen Sie? Ist Ihnen der romantische Zauber wichtig? Oder sind Sie damit zufrieden, auf Grund nüchternen Denkens eine logische Entscheidung zu treffen? Wieviel Wert legen Sie auf Romantik und körperliche Attraktivität? Halten Sie „Chemie" angesichts dessen, was Sie darüber wissen, für einen entscheidenden Faktor bei der Partnerwahl? Gehört sie als wichtiger Bestandteil zu dem Bild von Ihrem Idealpartner?

Geistliche Werte und Spiritualität

Untersuchungen zeigen immer wieder, daß eine religiöse Bindung und das Gelingen einer Ehe eng zusammenhängen.[5] Einen ähnlichen religiösen Hintergrund zu haben ist für eine Ehe wichtig, denn dann haben die beiden Partner gemeinsame Traditionen und Bräuche. Aber ich möchte deutlich machen, daß ich hier nicht nur von Religion spreche. Für mich ist *geistliches Leben* oder *Spiritualität* ein erheblich tiefer gehender Begriff.

Bei der Religion geht es oft um äußere Dinge – darum, in welche Kirche Sie gehen, zu welcher Konfession Sie gehören, welche Traditionen Sie befolgen. Spiritualität dagegen bezieht sich auf Ihren *inneren* Glauben und Ihre tiefsten Überzeugungen.

Spirituelle Leute achten auf ihr inneres Leben und verstehen, daß es im Leben um viel mehr geht als um das, was sie sehen und fühlen können. Sie suchen in sich selbst nach Antworten, die andere oft außerhalb von sich selbst suchen. Normalerweise suchen sie die Stille oder beten regelmäßig. Sie haben eine Beziehung zu Gott, und diese Beziehung wird oft zur Mitte ihres ganzen Daseins.

Ist es Ihnen wichtig, daß Ihr Partner spirituell orientiert ist? Was wäre, wenn Sie und Ihr Partner unterschiedliche geistliche Ausrichtungen hätten?

Kürzlich traf ich ein Paar, für das die Spiritualität eine Quelle großer Spannungen ist. Der Ehemann hat überhaupt kein Interesse an geistlichen Dingen, während für seine Frau der Glaube das Fundament ihres Lebens ist. Wenn sie auf ein ernsthaftes Problem stößt, zieht sie sich zurück und sucht Antworten im Gebet. Im Gegensatz dazu ist der Mann überzeugt, daß Probleme am besten durch rationales Denken und Handeln zu lösen sind. Dieses Thema verursacht eine Menge Konflikte für dieses Paar, denn ihre Ansichten sind in einem äußerst empfindlichen und wichtigen Bereich völlig entgegengesetzt.

Ich rate Ihnen dringend, sich sehr sorgfältig darüber klarzuwerden, welche Einstellung Sie sich bei Ihrem Partner wünschen.

Charakter

Neulich rief mich ein Mann an, der kaum sprechen konnte, ohne zu weinen. Er hatte gerade seine schlimmste Befürchtung bestätigt gefunden – seine Frau hatte ein Verhältnis mit seinem Geschäftspartner und langjährigen Freund. Beide hatten ihn im Lauf der letzten Monate wiederholt angelogen. Jetzt war er am Boden zerstört; er wußte nicht mehr, wozu er noch weiterleben sollte.

Geschichten wie diese sind nicht selten. Zahllose Ehen sind an dem Lügen, Betrügen, der Verantwortungslosigkeit, der Achtlosigkeit oder der Faulheit eines der Partner kaputt gegangen. Ich habe oft vor Gericht über die charakterliche Beschaffenheit von Menschen aussagen müssen, und ich bin zu der Überzeugung gekommen, daß charakterliche Stabilität und Integrität eine fundamentale Voraussetzung für eine stabile, dauerhafte, glückliche Ehe ist.

Wie wichtig ist es Ihnen, daß Ihr Partner absolut vertrauenswürdig ist? Wie schwer würden Sie es nehmen, wenn Sie feststellen müßten, daß Sie wiederholt angelogen wurden? Wieviel Wert legen Sie darauf, jemanden zu heiraten, der auf der Grundlage fester Wertvorstellungen lebt und mutig handelt, selbst wenn es Opfer erfordert? Wie sehr brauchen Sie einen Partner, der auf keinen Fall einen Betrug begehen wird? Und wie entscheidend ist es für Sie, daß Ihr Partner niemals stehlen, verantwortungslos handeln oder Drogen nehmen würde?

Kreativität

Eines Abends beobachtete ich unsere Tochter Lindsay dabei, wie sie ein Album für ihre beste Freundin zusammenstellte. Sie hielt darin die kostbaren Erinnerungen fest, die sie und diese Freundin angesammelt hatten, als sie zwei Jahre gemeinsam studierten. Sorgfältig suchte sie die Fotos aus, arrangierte sie kunstvoll auf den Seiten und schrieb dazu kurze Texte, die an großartige Momente erinnerten. Dann dekorierte sie das Album mit eigenen Zeichnungen. Niemand hatte Lindsay diese Aufgabe aufgetragen; niemand wußte auch nur, daß sie das tat. Es war ihre Art, zu der Freundschaft beizutragen und ihre Liebe zu zeigen.

Nicht nur Künstler, Dichter und Musiker drücken ihre Kreativität aus. Abraham Maslow, ein amerikanischer Psychologe, wies darauf hin, daß Kreativität am häufigsten bei ganz normalen Leuten zu finden ist. Wenn echte Liebe sich mit Kreativität mischt, können die Liebenden ihr gemeinsames Leben feiern und genießen.

Welchen Rang nimmt für Sie Kreativität in Liebe und Leben unter den anderen neun Zügen ein, die in diesem Kapitel aufgelistet sind?

Ich kenne eine Frau, die offenbar eine der großartigsten Mütter der Welt ist. Sie singt ihrem kleinen Sohn Lieder vor und bringt sie ihm bei. Sie liest ihm ein Buch nach dem anderen vor, spielt alle möglichen Spiele mit ihm und klärt ihn auf profunde Art und Weise über das Leben auf. Aber mit der Hausarbeit hat sie es nicht so. Die Fenster sehen oft so aus, als ob sie mal wieder geputzt werden müßten, und im Garten herrscht Wildwuchs. Und manchmal sind ihre Mahlzeiten nicht gerade ausgewogen. Aber wenn es darum geht, diesem Jungen eine Mutter zu sein, ist sie ein kreatives Genie. Wie würden Sie es empfinden, wenn Ihr Partner so wäre – wenn die Person, die Sie heiraten, kreativ wäre, aber in anderer Hinsicht ein wenig zu wünschen übrigließe?

Elternschaft

Ich sagte einmal zu meiner Frau, eine der Eigenschaften, die ich an ihr am meisten schätzte, sei ihre Fähigkeit, mit unseren drei Töchtern umzugehen. Im Lauf der Jahre hat sie ihren völligen Beistand zu jeder von ihnen bewiesen, und ihr ganzes Leben war ein ständiger Ausdruck der Liebe. Was mir am meisten gefällt, ist die Bedingunglosigkeit ihrer Liebe zu jeder von ihnen – die Freiheit, die sie ihnen läßt, ihre Einzigartigkeit auszuleben.

Ich bin von dieser Eigenschaft unter anderem deshalb so beeindruckt, weil sie so viel zu unserem Familienleben beigetragen hat. Unsere Töchter bewundern Marylyn sehr, und heute, wo sie erwachsen sind, haben sie enge Freundschaften mit ihr entwickelt. Die Vitalität dieser Beziehungen hat auch für mein eigenes Leben ihre Bedeutung. Für mich ist die Familie der Ort, an dem ich mehr von dem erlebe, was in meinem Leben wirklich zählt, als irgendwo sonst.

Es ist für mich entscheidend, eine Partnerin zu haben, die diese Hingabe an die Familie teilt – obwohl ich damals, als wir befreundet waren, noch nicht allzuviel darüber nachdachte. Im Grunde wußte ich nicht sehr viel über Marylyns Interesse für die Elternschaft und ihre Fähigkeiten auf diesem Gebiet, als ich sie heiratete. Aber vielleicht habe ich mehr aufgeschnappt, als mir bewußt war. Ich erinnere mich, wie intensiv sie sich mit meiner Nichte und meinen Neffen beschäftigte und wieviel Spaß sie zusammen hatten.

Ist es Ihnen wichtig, daß Ihr Partner sich für die Betreuung von Kindern interessiert? Wenn ja, sollten Sie ihn oder sie vielleicht im Umgang mit jüngeren Schwestern und Brüdern, Nichten und Neffen oder andern Kindern beobachten. Achten Sie darauf, ob Ihnen gefällt, wie Ihr Partner mit den Kindern umgeht und wie sie auf ihn reagieren.

Wenn Sie sich eine Familie wünschen, wird es sich lohnen, nach einem Partner zu suchen, der dieses Ziel mit Ihnen teilt. Schaffen sie also in Ihrem geistigen Bild Raum für die Art von Partner, die Sie wollen, wenn es um Elternschaft geht.

Echtheit

Manche meiner Freunde werden bemerken, daß ich die Eigenschaft, die ich besonders hervorhebe, an den Schluß gestellt habe. Es stimmt, daß ich im Lauf der Jahre mehr über Echtheit und Authentizität geredet habe als über irgendein anderes Thema. Das mag daran liegen, daß Echtheit für mich persönlich eine große Herausforderung gewesen ist. Ich bin häufig versucht, so zu handeln und zu reagieren, wie ich glaube, daß andere es von mir erwarten. Als *Echtheit* bezeichne ich die Fähigkeit, völlig Sie selbst zu sein, offen Ihre Meinung zu sagen und sich in Ihrer eigenen Haut wohl zu fühlen. Wie wichtig das Streben nach dieser Eigenschaft auch in meinem Leben sein mag, die Frage ist, welche Bedeutung es für Sie hat, wenn Sie sich Ihr Bild von der Person formen, die Sie heiraten wollen.

Ich habe gerade zwei Leute in der Eheberatung, die tapfer in diesem Bereich kämpfen. Lyle ist der ehemalige Präsident eines bekannten amerikanischen Konzerns. Seine Frau Ellen ist ihm intellektuell ebenbürtig, und sie stellt eine gefährliche Bedrohung für sein Wohlbefinden dar. Ich meine damit folgendes:

Im Lauf der Zeit ist Lyle zu der Überzeugung gekommen, daß Echtheit absolut entscheidend für ein gesundes Leben ist. Viele Jahre lang verhielt er sich äußerst diplomatisch und strebte danach, es immer jedem recht zu machen. Er ließ sich von anderen ihre Wünsche aufdrücken und versuchte stets, allen Erwartungen zu entsprechen. Aber dabei zog er letztlich den kürzeren. Er wurde es leid, immer etwas vorzuspielen; und es kam so weit, daß er aus dem Geschäft aussteigen wollte, obwohl er ein geachteter und bewunderter Leiter war. Sein Kampf war, wie er heute weiß, die Folge davon, daß er nicht authentisch gelebt hatte. Er hatte Erfolg, aber es kostete ihn seinen inneren Frieden und sein Selbstwertgefühl.

Vor ein paar Jahren begann er, sich systematisch um Glaubwürdigkeit und Echtheit zu bemühen, und hörte auf, sich darum zu sorgen, was andere von ihm dachten. Und er ermutigte seine Frau sehr stark, es ebenso zu machen.

Damit begannen die Probleme. Ellen hörte auf ihn! Sie fing an, sich selbst so treu zu sein, wie sie nur konnte. Und die „neue Ellen“ stieß immer wieder mit Lyle zusammen. War sie vorher fügsam und unterwürfig gewesen, so stimmte sie nun nicht mehr immer mit ihrem Mann überein. Sie hatte ihre eigenen Ideen, Meinungen und Blickwinkel. Lyles Bedürfnis nach völliger Kontrolle über seine Umgebung begann mit seinem Wunsch nach emotionaler Gesundheit und Echtheit für seine Frau zu kollidieren. Er überzeugte sie, daß Echtheit etwas äußerst Wichtiges sei, aber als sie ihn beim Wort nahm, kamen ihm Zweifel.

Wie wichtig ist es Ihnen, daß Ihr Partner echt ist? Wie frei wollen Sie ihn oder sie sein lassen, besonders dann, wenn diese Freiheit zu Meinungsverschiedenheiten führt?

Ich bin davon überzeugt, daß zu einer großartigen Ehe zwei echte, authentische Leute gehören. Verstehen Sie mich nicht falsch: Viele Ehen, in denen einer der Partner alles andere als echt und authentisch ist, können durchaus überleben. Aber eine *großartige* Ehe beruht auf der emotionalen Stabilität jedes Partners. Und diese Stabilität ist normalerweise dann vorhanden, wenn zwei Menschen sich selbst ebenso treu sind wie einander.

*

Ich kann mir vorstellen, daß Sie beim Durcharbeiten dieses Kapitels eine Menge geistiger Arbeit geleistet haben, um das Bild Ihres Idealpartners zu entwickeln. Ich hoffe, daß Sie bei jedem dieser Schlüsselbereiche dasselbe Thema immer wieder gehört haben: Welche Eigenschaften wünschen Sie sich von Ihrem Partner? Ich bin überzeugt davon, daß ein konkretes und detailliertes Bild von Ihrem Idealpartner die Wahrscheinlichkeit, daß Sie diesen Partner finden werden, gewaltig erhöht. Ihre Vorstellung vom Idealpartner wird einen starken Einfluß darauf haben, wen Sie zu heiraten beschließen.

Jetzt gibt es noch ein Letztes zu tun. Nehmen Sie diese zehn Eigenschaften, die wir gerade erörtert haben, und bringen Sie sie in eine Rangfolge nach der Wichtigkeit, die sie für Sie haben. Die meisten Leute, die für Sie in Frage kommen, werden wahrscheinlich nicht in allen diesen Bereichen stark sein. Vielleicht lernen Sie jemanden kennen, der einen makellosen Charakter hat, sehr kreativ ist und gut aussieht – aber an Ehrgeiz oder geistlichem Tiefgang mangelt es ihm oder ihr. Wenn Sie sich über die Wichtigkeit jeder dieser Eigenschaften im klaren sind und sie in eine Rangfolge gebracht haben, wissen Sie, welche davon für Sie wesentlich sind und bei welchen Sie zu Kompromissen bereit sind. Wenn Sie damit fertig sind, hoffe ich, daß Sie sich noch ein wenig Zeit nehmen werden, um darüber nachzudenken, warum Sie diese Rangfolge so und nicht anders aufgestellt haben.

Drittes Prinzip: Suchen Sie einen Menschen, der vieles mit Ihnen gemeinsam hat

Man muß sich nicht lange mit Judy und Eric unterhalten, um zu merken, daß sie in jeder Hinsicht Lichtjahre voneinander entfernt sind. Sie kommt aus einer wohlhabenden Familie; er wuchs arm auf einer Farm auf. Sie fährt ein sportliches Kabrio; er ist glücklich mit seiner alten Klapperkiste. Sie geht gern auf Partys; er unternimmt gern lange Wanderungen. Sie mag Rockmusik; er Country und Western. Sie ist extrovertiert; er ist still. Sie reist gern durch fremde Länder; er jagt gern in den Wäldern. Ihr gefällt das Leben auf der Überholspur; er hat es lieber langsam und einfach.

Wie, fragen Sie sich vielleicht, sind diese beiden überhaupt zusammengekommen? Nun, Eric ist ein gutaussehender, einsfünfundneunzig großer, zwei Zentner schwerer Abwehrspieler im Football-Team der Universität. In seinem zweiten Studienjahr war die Mannschaft amerikanischer Meister, und die Chancen stehen gut, daß er als Football-Profi ein Star wird.

Judy ist eine hochgewachsene und gertenschlanke Cheerleaderin an der gleichen Universität, ein schönes Mädchen mit strahlendem Lächeln und vollkommenen Zähnen. Als aktives Mitglied einer großen Studentinnen-Verbindung wurde sie am Ende ihres ersten Jahres dort ermutigt, sich als Cheerleaderin zu bewerben. So lernte sie Eric kennen; er war einer der Juroren.

Seit anderthalb Jahren sind sie befreundet. Zwischendurch gab es immer wieder Streitigkeiten und zeitweilige

Trennungen. Aber sie sind ein wunderschönes Paar, überall auf dem Campus bekannt und beliebt, und beide sind furchtbar eifersüchtig bei dem Gedanken, einer von ihnen könnte mit jemand anderem ausgehen. Zwei Dinge haben sie zusammengehalten: Sie fühlen sich körperlich sehr zueinander hingezogen, und sie haben sich bei ihren Aktivitäten gegenseitig stets stark unterstützt.

Letzten Monat sagte Judy zu Eric, sie wolle sich entweder mit ihm verloben oder die Beziehung auflösen. Eric lieh sich Geld von seinen Freunden, um ihr einen Ring zu kaufen. Bald nachdem er ihr einen Heiratsantrag gemacht hatte, kamen sie zu Ehevorbereitungsgesprächen zu mir. Ich wies auf ihre vielen Gegensätze hin und auf die Gefahren, die darin liegen, aber sie haben immer noch vor zu heiraten.

Wie schätzen Sie ihre Chancen ein? Nach dem wenigen, was Sie über die beiden wissen – wie wird Ihrer Meinung nach eine Ehe zwischen ihnen aussehen?

Um ganz fair zu sein, muß ich sagen, daß das Urteil noch aussteht. Auf meiner Fünfzig-Punkte-Liste (zu finden am Ende dieses Kapitels) mit wichtigen Übereinstimmungen gibt es noch zu viele Dinge, die wir über Eric und Judy nicht wissen. Sind sie zum Beispiel gleich intelligent? Haben sie ähnliche sprachliche Fähigkeiten und Interessen? Können sie voreinander ihre tiefsten Gefühle ausdrücken? Sind sie in der Lage, Konflikte miteinander zu lösen? Sind ihre Freunde und Angehörigen zu der Beziehung positiv eingestellt? Wenn auf alle diese Fragen mit Ja geantwortet werden kann, könnte das die Sache wieder ausbalancieren.

Dennoch, fällt Ihnen nicht auf, wie enorm schwierig eine Ehe zwischen diesen beiden sein wird? Erkennen Sie, wie sehr sie sich durch die Jahre hindurch anstrengen müssen, um ihre Beziehung zu erhalten? Wenn Football und Cheerleading Vergangenheit sind, was wird sie dann noch aneinander binden?

Gemeinsamkeit ist entscheidend

Forschungsergebnisse sagen immer wieder das gleiche: *Die stabilsten Ehen sind diejenigen zwischen zwei Leuten mit vielen Gemeinsamkeiten.*

Ein Team von Wissenschaftlern hat zum Beispiel an drei Gruppen aus je fünfunddreißig Paaren einen psychologischen Test durchgeführt. Eine Gruppe bestand aus Paaren, die glücklich verheiratet waren, die zweite aus Paaren, die Probleme hatten, aber zusammenbleiben wollten, und die dritte Gruppe aus Paaren, die kurz vor der Trennung standen.

Die glücklichen Paare wiesen bedeutende Gemeinsamkeiten in bezug auf ihre allgemeinen Aktivitäten, ihre Freundlichkeit und ihre persönlichen Beziehungen auf. Bei den unglücklichen Paaren waren sich die Partner eher unähnlich. Bei beiden Gruppen von unglücklichen Paaren waren sich die Partner im Blick auf die emotionale Stabilität deutlich unähnlich.

J. Phillippe Rushton, ein kanadischer Professor, faßt die Ergebnisse einer beträchtlichen Anzahl von Forschungen so zusammen: „Mehrere Untersuchungen haben gezeigt, daß nicht nur das Entstehen von Beziehungen, sondern auch ihr Maß an Zufriedenheit und Stabilität sich anhand der Übereinstimmung persönlicher Eigenschaften voraussagen läßt.“[1]

Die Wissenschaftler White und Hatcher kommen nach eingehendem Studium der Literatur zu dem Schluß: „Die verfügbaren klinischen Untersuchungen ergeben, daß Gemeinsamkeit stärker mit dem Gelingen einer Ehe einhergeht als mit ehelicher Instabilität und Scheidung. Die Untersuchungsergebnisse deuten darauf hin, daß Gegensätzlichkeit mit Instabilität und Scheidung einhergeht.“[2]

Jede Gemeinsamkeit ist ein Plus auf der Bank

Im Lauf der Jahre habe ich die feste Überzeugung entwikkelt: *Für ein Paar sind Gemeinsamkeiten wie Geld auf der Bank, und Unterschiede sind wie Schulden.* Nehmen Sie an, Sie hätten heute zwei Kontoauszüge bekommen: Der eine zeigte die Summe, die auf Ihrem Sparkonto liegt, der andere die Summe, die Sie mit einer Kreditkarte ausgegeben haben. Wenn Ihr Sparkonto eine hohe Summe aufweist und Sie nur wenig Schulden haben, sind Sie in einer starken Position und können ein wirtschaftliches Unwetter verkraften. Wenn es zu einer finanziellen Krise kommt, haben Sie die Mittel, um damit fertig zu werden. Sie können Entscheidungen treffen und Anschaffungen machen, ohne den letzten Pfennig zusammenkratzen zu müssen.

Aber auch das Gegenteil stimmt. Mit hohen Schulden und geringen Rücklagen stehen Sie finanziell auf wackeligem Boden. Sie müssen sich erheblich mehr anstrengen, um die Rechnungen zu bezahlen, und Sie sorgen sich vielleicht um die Sicherheit Ihres Arbeitsplatzes.

Ich glaube, Sie verstehen, was ich meine. Wenn zwei Leute einen ähnlichen Hintergrund haben, können sie von einer starken Position ausgehen. Ihre Beziehung wird bedeutend leichter durch all die Gewohnheiten und Verhaltensweisen, die sie gemeinsam haben. Sie wissen, was sie voneinander erwarten können, weil sie in sehr ähnlichen Elternhäusern aufgewachsen sind. Wenn die beiden Elternpaare in wirtschaftlicher, ethnischer, religiöser, politischer und emotionaler Hinsicht ähnlich waren, werden ihre verheirateten Kinder über einen Stamm von „Übereinstimmungen" verfügen, der einen wesentlichen Kern für ihre Verbindung darstellt. Aus dieser Gemeinsamkeit resultiert eine unglaubliche Stärke. Sie dient als Rücklage, auf die man zurückgreifen kann, wenn es zu Problemen kommt. Sie ist wie Geld auf der Bank!

Wenn Sie mit jemandem, der sehr anders ist als Sie, eine

erfolgreiche Ehe führen wollen, dann sollten Sie eine große Zahl von Gemeinsamkeiten als permanenten Ausgleich auf Ihrem Konto haben. Verfügen Sie darüber nicht, so könnte Ihre Beziehung schon zu einem frühen Zeitpunkt bankrott gehen.

Warum ist das so? Weil jeder Gegensatz zwischen Ihnen es erforderlich macht, ihn zu bewältigen und sich einander anzupassen. Einer von Ihnen muß viel hergeben, oder beide müssen etwas hergeben, und in beiden Fällen sind jede Menge Veränderungen notwendig. Wenn Paare nicht bereit sind, sich zu beugen und einander anzupassen, werden sie erleben, wie Streit und Frustration regelmäßig aufflammen. Doch selbst wenn Sie die notwendigen Veränderungen vornehmen, werden Sie die Belastung zu tragen haben, die jede bedeutende Veränderung mit sich bringt. Diese Belastung ist es, die sich bedrohlich auf Ihre Beziehung auswirken kann. Wenn es zu viele Gegensätze gibt, ist Ihre Beziehung vielleicht nicht all den Belastungen gewachsen, die bei der gegenseitigen Anpassung entstehen.

Ich kenne ein Paar, Matt und Kristen, die eine Menge gemeinsam haben. Da ihre Familien nur ein paar Häuser voneinander entfernt wohnten, als die beiden klein waren, kannten sie sich tatsächlich von der dritten Klasse an, und sie befreundeten sich, als sie auf die High School kamen. Beide waren in der Schule beliebt, etwa gleichermaßen attraktiv, und sie hatten eine große Zahl gemeinsamer Freunde.

Ihre Familien gehörten beide zur oberen Mittelklasse, waren in ihrer Gemeinde aktiv und hatten starke religiöse Überzeugungen. Die beiden Familien waren sich nur gelegentlich begegnet, doch zwischen ihnen bestand eine ungewöhnlich große Ähnlichkeit. Die Gemeinschaft, in der sie lebten, bedeutete ihnen sehr viel, und sie nahmen starken Anteil an den Aktivitäten der jeweils drei Kinder.

Matt war ein Sportler, Kristen nicht, aber sie interessierte sich ebenso für Sport wie er. Sie las jeden Tag die Sportseite und wußte alles über die lokalen Mannschaften, und die beiden unterhielten sich viel über Sport. Sie hörten gern Musik, machten gemeinsam lange Wanderungen, redeten und lachten zusammen. Beide waren gleich ehrgeizig und ähnlich intelligent, mochten die gleichen Fernsehsendungen und Unternehmungen; beide liebten Kinder, und ihre Ziele überschnitten sich beinahe vollständig.

Nach der High School gingen sie aufs College – es waren verschiedene Einrichtungen, die sogar miteinander rivalisierten, aber sie lagen beide in derselben Großstadt. Matt und Kristen trafen sich regelmäßig, trennten sich dann und trafen sich mit anderen, aber kamen dann wieder zusammen – dieses Muster setzte sich fort, bis sie das College verließen. Dann ging Kristen mit ihrer Familie für ein Jahr nach Europa; Matt blieb zu Hause, besuchte sie aber für zwei oder drei Wochen gegen Ende ihres Aufenthalts. Zu dieser Zeit schien ihnen klarzuwerden, daß sie auf Dauer zusammenbleiben wollten. Sie warteten zwar noch drei oder vier Jahre, aber sie waren „auf der Spur“ und steuerten in die gleiche Richtung. Schließlich heirateten sie – zehn Jahre, nachdem sie zum ersten Mal miteinander ausgegangen waren.

In einem solchen Fall – bei so vielen Gemeinsamkeiten – sollte man meinen, daß ihre Chancen für eine erfolgreiche Ehe sehr hoch sein müßten. Und das stimmt auch. Wenn jedes Paar soviel gemeinsam hätte, wäre die Scheidungsrate in diesem Land erheblich niedriger. Es gibt dann einfach nicht so viele Gegensätze, über die Streit entsteht – wie es bei vielen jungen Paaren der Fall ist. Und auf lange Sicht bieten gemeinsame Wertvorstellungen und Interessen eine stabile Umgebung, in der Kinder sicher aufwachsen können und in der jeder Partner seinen Lebenszielen nachgehen kann.

Matt und Kristen konnten sich glücklich schätzen; weil sie aus Elternhäusern mit so vielen Gemeinsamkeiten stammten, hatten auch sie zahlreiche Erwartungen, Verhaltensweisen und Gewohnheiten gemeinsam. Meine Liste von Gemeinsamkeiten war für sie ein Klacks. Sie stimmten vor ihrer Hochzeit bereits in dreiundvierzig der Punkte überein, und von den anderen sieben waren drei nur eine Frage von ein paar frühzeitigen Verhandlungen. Drei von den restlichen vier sind überhaupt nie zu einem Thema geworden.

Ich bin sicher, Sie verstehen, worauf ich hinaus will. Es ist, als hätten die beiden mit einer Million Mark auf der Bank und so gut wie gar keinen Schulden angefangen. Sie haben ein ganzes Leben, um ihre Familie zu genießen, individuell zu wachsen und gemeinsam etwas Wunderbares aufzubauen.

Gemeinsamkeiten sind heute schwerer zu finden

Die Scheidungsrate in den USA hat sich zwischen 1950 und 1980 verdreifacht. In dieser Zeit sind in diesem Land erstaunliche Veränderungen vor sich gegangen! Kurz nach dem zweiten Weltkrieg lebte jeder dritte Amerikaner auf einer Farm. 1979 dagegen nur noch jede achtundzwanzigste Familie! Überall zogen Menschen um, ließen ihre Großfamilien zurück und suchten nach neuen Möglichkeiten. Die Soziologen sind sich einig, daß es bei Leuten, die während des zweiten Weltkrieges und unmittelbar danach heirateten, erheblich weniger Gemeinsamkeiten gibt als bei denen, die zuvor geheiratet hatten.

Natürlich ist es durch all diese Veränderungen viel komplizierter geworden, einen passenden Ehepartner zu finden. Wenn Harold Brown aus dem Norden nach Florida zieht und dort Sally Smith kennenlernt, deren Familie aus einem ganz anderen Teil des Landes dorthin gekommen ist, dann haben wir den Anfang einer Partnerschaft, die viel Anpassung erfordert. Wenn Harold und Sally in verschiedenen Teilen des Landes aufwuchsen, mit verschiedenen Sitten, unterschiedlichen sozialen und wirtschaftlichen Hintergründen, einer unterschiedlichen religiösen Erziehung und abweichenden Familienperspektiven, wie sollte man dann erwarten, daß die beiden sich ohne weiteres zu einer Einheit verschmelzen lassen? Ein solches Maß an Gegensätzlichkeit liegt bei Tausenden von Paaren vor.

Heute lernen sich Menschen oft kennen und beschließen zu heiraten, bevor ihre Familien einander überhaupt begegnet sind. Ihre familiären Wurzeln sind nicht im geringsten ineinander verschlungen. Doch noch vor vierzig Jahren – was gemessen an der Geschichte wie gestern ist –, wurden die meisten Ehen zwischen Menschen geschlossen, die nur ein paar Häuser voneinander entfernt wohnten und deren Familien sich seit Jahren kannten. Damals gab es Gemeinsamkeiten zuhauf; heute gibt es Gegensätze zuhauf. Darum müssen Sie sich heute viel mehr anstrengen, um den „richtigen" Partner zu finden.

Welche Gemeinsamkeiten sind absolut wesentlich?

Die meisten Paare haben mehr von Harold und Sally als von Matt und Kristen. Welche Gemeinsamkeiten aber sind für das eheliche Glück am entscheidendsten?

Erinnern Sie sich an meinen Vergleich: Gemeinsamkeiten sind wie ein Plus auf der Bank, und Gegensätze sind wie ein Minus oder wie Schulden. Die Summe des einen läßt sich am besten im Vergleich zur Summe des anderen einschätzen. Ich glaube nicht, daß irgendein einzelner Gegensatz eine Ehe zum Scheitern bringen könnte. Aber es gibt einige Gemeinsamkeiten, die sich unglaublich stärkend auf eine Beziehung auswirken. Lassen Sie mich diejenigen erwähnen, die ich für besonders hilfreich halte.

▷ *Intelligenz*. Wenn beide Personen intellektuell gleichermaßen ausgestattet sind, bedeutet das für die Ehe offenbar eine erheblich geringere Belastung. Achten Sie darauf, daß ich nicht *Bildung* gesagt habe. Es gibt hochintelligente Leute, die es aus irgendwelchen Gründen nie bis zum College schafften. Was ich meine, ist, daß ein Paar intellektuell etwa auf dem gleichen Stand sein muß. Die Partner müssen Dinge ähnlich sehen und in ähnlicher Weise über sie reden. Wenn eine Person sich oft mißverstanden fühlt oder den Eindruck hat, „von oben herab“ behandelt zu werden, kann das alle möglichen emotionalen Funken schlagen. Untersuchungen weisen darauf hin, daß Stabilität in der Ehe viel wahrscheinlicher ist, wenn die Intelligenzquotienten der Partner in derselben Größenordnung liegen. Es ist nicht so entscheidend, wie *intelligent* die Partner sind, sondern, wie *nah* sie sich in diesem Bereich sind.

▷ *Wertvorstellungen.* Wir könnten hier Dutzende von Wertvorstellungen erörtern, über die sich Paare einig sein sollten. Zum Beispiel ist es ein wesentlicher Vorteil, wenn für zwei Menschen geistliche Interessen oder das Familienleben einen ähnlichen Wert haben. Wenn sie sich bei ihren Wertvorstellungen nicht einig sind, kann es zu intensiven Spannungen kommen. Ich weiß immer, daß es Probleme geben wird, wenn der eine gern in die Gottesdienste und zu Bibelkreisen und Gebetstreffen geht, während der andere sich für diese Dinge weniger interessiert. Das ist ein großes, fundamentales Problem, das im Lauf der Zeit sicherlich zu häufigen Zusammenstößen führen wird.

▷ *Intimität.* Ich meine hier die verbale, nichtsexuelle Intimität, die sich in der Kommunikation ausdrückt. Wenn beide Partner es sehr genießen, einander nah zu sein und ihr Leben völlig miteinander zu teilen, dann haben sie einen Pluspunkt, der ihnen ihr ganzes Leben lang helfen wird, Gegensätze zu überwinden. (Wir werden im siebten Kapitel noch ausführlicher auf das Thema „Intimität“ zu sprechen kommen.)

▷ *Interessen.* Wenn es mehrere Dinge gibt, die zwei Leute gern gemeinsam tun, dann haben sie ein großes Feld, auf dem sie fröhlich das Spiel des Lebens spielen können. Es ist immer am besten, wenn diese Interessen in verschiedenen Bereichen liegen. Wenn zum Beispiel alle fünf gemeinsamen Interessen der Partner auf sportlichem Gebiet liegen, dann wird das für die Beziehung weniger nützlich sein, als wenn die fünf Interessen sich beispielsweise auf Musik, Sport, Holzarbeiten, Theater und Literatur erstrecken.

▷ *Rollenerwartungen.* Damit meine ich, daß beide Partner vereinbare Vorstellungen von ihren Pflichten und Verantwortungen in ihrer Beziehung und im Haushalt haben. In unserer Zeit der großen Veränderungen bei den Rollen von Männern und Frauen in der Ehe habe ich gesehen, daß glückliche Paare eine ganze Bandbreite von Ansichten zu diesem Thema haben können. Meine Frau und ich waren vor einiger Zeit von Freunden zum Abendessen eingeladen, und der Mann kümmerte sich um die Zubereitung, das Servieren und das Abwaschen. Seine Frau tat nur sehr wenig. Sie schienen völlig glücklich miteinander zu sein. Eine Anzahl unserer Freunde scheinen sich auf eine gleichmäßigere Verteilung der Arbeit zuzubewegen. Auch sie scheinen dabei glücklich zu sein. Und manche Paare, die wir kennen, sind sehr traditionell eingestellt – der Mann verdient das Geld, und die Frau besorgt den Haushalt. Der Punkt ist, daß dann, wenn beide sich über die Verteilung der Pflichten und Rollen *einig* sind, es keine Rolle spielt, für welche Variante sie sich entscheiden.

Gegensätze, die Schwierigkeiten mit sich bringen

Wenn Sie und ich Zeit hätten, könnten wir von Paaren, die in mancher Hinsicht verschieden waren und dennoch eine glückliche Ehe miteinander führten, eine Geschichte nach der anderen erzählen. Ich habe erlebt, wie Leute mit relativ geringfügigen Gegensätzen lernten, sich aneinander anzupassen, und zwar so, daß es sie nicht nur zusammenhielt, sondern sie glücklich machte.

Aber ich glaube, wenn wir mit unseren Geschichten fertig wären, würden wir uns einig sein, daß manche Gegensätze sehr schwer zu überwinden sind. Auch wenn diese nicht unbedingt zur Scheidung führen müssen, erfordern sie normalerweise große Veränderungen bei einem oder beiden Partnern, und die langfristigen Konsequenzen dieser Veränderungen sind oft emotional behindernd.

Wenn ich Sie bitten würde, eine Liste der vier Gegensätze aufzustellen, die in einer Ehe die meisten Schwierigkeiten verursachen, welche würden Sie wohl nennen? Hier ist meine Liste:

▷ *Energielevel.* Wenn eine Person viel Energie hat und die andere sehr wenig, stehen den beiden große Probleme ins Haus. Dieser Energieunterschied kann sich fast überall bemerkbar machen. Manchmal zeigt er sich im Schlafzimmer. Sie hat dreimal so oft wie er das Bedürfnis nach intimer, körperlicher Nähe, während ihm einfach die Energie dazu fehlt. Oder er zeigt sich im Umgang mit anderen Menschen. Er ist gern mit Leuten zusammen – in der Gemeinde, nach der Arbeit, in der Baseball-Mannschaft –, aber sie möchte einfach nur zu Hause bleiben und ein Buch lesen. Manchmal wird dieser Unterschied deutlich, wenn es um Aufgaben rund ums Haus geht. Sie hat eine ganze Liste von Arbeiten, die zu tun sind, aber er will nur noch fernsehen, weil er müde ist.

▷ *Persönliche Gewohnheiten.* Wenn zwei Menschen sich an dieser Stelle stark unterscheiden, kann ihre Gemeinschaft langsam und stetig ausgehöhlt werden. Hier sind einige Beispiele für Bereiche, in denen es zu Konflikten kommen kann: Pünktlichkeit, Reinlichkeit, Ordnungsliebe, Zuverlässigkeit, Verantwortlichkeit und Gewichtskontrolle. Wir könnten noch Dutzende weiterer Bereiche aufzählen, über die jeder nachdenken sollte, bevor er sich auf eine lebenslange Beziehung einläßt. Zum Beispiel kann es ein Problem sein, wenn der eine raucht und der andere nicht. Wenn einer sich gesund ernährt und der andere beharrlich Schnellimbiß-Essen bevorzugt, ist das wahrscheinlich eine Problemquelle.

▷ *Umgang mit Geld.* Ich habe mehrere Ehen kaputtgehen sehen, weil sich die Partner nicht über die Finanzen einigen konnten. Der eine will für die Zukunft vorsorgen und Geld sparen; der andere will Geld ausgeben und das Leben heute voll genießen. Einer will Risiken eingehen, um seine Ersparnisse zu vervielfachen; der andere will die Sache langsam und sicher angehen. Einer will gegenüber sozialen Organisationen oder gegenüber den Kindern großzügig sein; der andere will das Geld für sich selbst behalten. Gegensätzliche Ansichten wie diese können verhängnisvoll sein, und deshalb müssen sie vor der Ehe erkannt und erkundet werden.

▷ *Sprachliche Fähigkeiten und Interessen.* Wenn ein Partner viel redet und der andere sehr still ist – wozu kann das führen? Wenn der eine nach mehr Gesprächen lechzt, während der andere verzweifelt nach Einsamkeit und Stille verlangt, dann ist das eine große Belastung! Wenn einer beim Essen oder am Telefon unaufhörlich redet, während der andere schweigt, dann haben wir alle Voraussetzungen für großen Ärger.

Es gibt natürlich noch andere potentiell schädliche Bereiche, die wir zu dieser Liste hinzufügen könnten. Doch ich habe entdeckt, daß diese vier oft die verheerendsten sind. Hüten Sie sich jedoch auch vor den relativ belanglosen Gegensätzen, die sich im Lauf der Zeit summieren können. Ich denke da an „Kleinigkeiten“ wie die Temperatur im Schlafzimmer, wann man zu Bett geht und wann man aufsteht, die normale Lautstärke beim Fernseher und beim Radio, die Sprache, die man verwendet, um Gefühle oder Gedanken auszudrücken, die Rolle des Alkohols, welche Fernsehsendungen man ansehen will, wo man den Urlaub verbringen will und so weiter. Gegensätze in all diesen Bereichen können sich auf eine Beziehung sehr belastend auswirken.

Eigenschaften Ihres Partners, die Sie nicht im voraus erkennen können

Ich habe Dutzende von frisch verheirateten Paaren kennengelernt, die erklärten, sie hätten „in ihrer Hochzeitsnacht", „auf ihrer Hochzeitsreise" oder „im ersten Monat der Ehe" erkannt, daß sie einen furchtbaren Fehler begangen hätten. Gerade letzte Woche schrieb mir ein Mann: „Ich erinnere mich, wie ich nach der Hochzeitsreise eine Straße in Chicago entlangfuhr und zu mir selbst sagte: ‚O nein! Was habe ich da gemacht?' Mein Bauch sagte mir, daß ich eine tragische Entscheidung getroffen hatte. Ich brauchte fünfundzwanzig Jahre Ehe und weitere fünf Jahre des Nachdenkens, bis ich endlich begriff, daß ich mein Leben nahezu ruiniert hatte."

Manchmal machen Menschen – so wie dieser Mann – die niederschmetternde Erfahrung, daß sie nicht annähernd soviel mit ihren Partnern gemeinsam haben, wie sie vor der Hochzeit dachten. Deswegen kann ich nicht genug betonen, wie entscheidend es ist, die Gemeinsamkeiten und Unterschiede gründlich abzuschätzen, bevor Sie heiraten.

Es gibt ein paar Dinge, die Sie über Ihren Partner schlechterdings nicht wissen können, bevor Sie verheiratet sind. Doch sie können einen Großteil des Risikos und der Unsicherheit von vornherein ausschalten. Ein erfahrener Psychologe oder Lebensberater kann mögliche Problembereiche mit Ihnen aufarbeiten. Ich empfehle Ihnen auch, viele Stunden damit zu verbringen, über die alltäglichen, handfesten Dinge des Lebens zu reden. Und vielleicht wollen Sie auch durch einen Fachmann einen Ehetest vornehmen lassen. Man kann nicht vorsichtig genug sein.

Natürlich ist kein System der Problementdeckung fehlerlos. Darum werde ich Ihnen jetzt von einer Eigenschaft erzählen – vielleicht der allerwichtigsten –, nach der Sie bei einem Menschen, der Ihr Ehepartner werden könnte, Ausschau halten sollten.

Der Persönlichkeitszug, der viele Unterschiede überdeckt

In meiner jahrelangen Arbeit als Psychologe bin ich auf eine Eigenschaft gestoßen, die ungemein hilfreich ist. Sie hat viele Namen: Flexibilität, Anpassungsfähigkeit, Formbarkeit, Elastizität. Ihr Wesen besteht darin, Kompromisse möglich zu machen. Diese Flexibilität macht Menschen fähig, dann, wenn sich Unterschiede zeigen, nicht auseinanderzufallen, sondern die Unterschiede zu bedenken, sie einzuschätzen, alternative Lösungen vorzuschlagen und so die Konflikte zu lösen.

Es ist die Eigenschaft, die entscheidend sein kann, wenn zwei Menschen *nach* ihrer Hochzeit entdecken, daß es zwischen ihnen ein paar kritische Unterschiede gibt. Wenn beide eine gehörige Portion Flexibilität in ihrer Persönlichkeit haben, können sie wichtige Veränderungen vornehmen.

Meine Freunde David und Cathy Simmonds erzählten mir von ihrer Hochzeitsreise nach Portugal. Sie waren vor ihrer Hochzeit fünfzehn Monate lang zusammengewesen, und die meiste Zeit davon fiel in Davids letztes Jahr als Medizinstudent und Cathys erstes Jahr als Lehrerin. Da Cathy völlig in ihrem neuen Beruf aufging und David Tag und Nacht lernte, sahen sie sich nur am Wochenende ... und auch dann normalerweise nur einmal. Sie glaubten, sich einigermaßen gut zu kennen, aber wie so viele Paare entdeckten sie erst, als es zu spät war, daß zwischen ihnen Unterschiede in allen Formen und Farben bestanden.

In Lissabon kamen diese Unterschiede zum Vorschein. Cathy wollte Intimität; David wollte seine Ruhe. Cathy wollte früh zu Bett und bei Sonnenaufgang aufstehen; David war eine Nachteule und ein Langschläfer. Cathy aß gerne traditionelle Gerichte zu traditionellen Zeiten; David nahm gern morgens einen Schluck Kaffee, schob sich nachmittags „irgendwas rein“ und aß dann gegen acht Uhr eine große Mahlzeit, nachdem Cathy schon beinahe ausgehungert war. Cathy unterhielt sich gerne über alles mögliche; David redete nur über das Wesentliche. Seine Gesprächigkeit erwachte erst beim Abendessen, wenn Cathy schon müde wurde.

Als all diese Unterschiede sich anzuhäufen begannen, fürchteten beide im stillen, einen schrecklichen Fehler gemacht zu haben. Glücklicherweise gab es auch eine Menge Dinge, die sie gemeinsam hatten, und die verloren sie nicht aus dem Blick. Beide liebten klassische Musik, hatten starke geistliche Überzeugungen, freuten sich auf Kinder, hatten ähnliche politische Einstellungen und fühlten sich körperlich sehr zueinander hingezogen.

Als sie allmählich erkannten, in was für einer Lage sie sich befanden, fingen sie an, darüber nachzudenken, wie sie damit fertig werden könnten. Sie mobilisierten ihre Anpassungsfähigkeit. David sagte mir – und Cathy bestätigte es –, daß ihre Ehe nicht gehalten hätte, wenn sie nicht beide in großen Familien aufgewachsen wären, in denen sie einfach flexibel sein mußten. Es gab viele Gelegenheiten, bei denen ihre Gegensätze sie verletzten und frustrierten, bei denen sie wütend wurden und alle möglichen Drohungen ausstießen. Solche Auseinandersetzungen hätten ihre Liebe töten können, wenn sie nicht ihre ganze Anpassungsfähigkeit eingesetzt hätten.

Flexibel statt unbeugsam, anpassungsfähig statt starr zu sein kann eine Ehe davor retten, an den Gegensätzen kaputtzugehen. Natürlich braucht es dazu zwei Menschen, die bereit sind, Kompromisse zu schließen und sich anzupassen. Wenn immer nur ein Partner sich beugt und anpaßt, gerät die Beziehung aus dem Gleichgewicht. (Im achten Kapitel werde ich näher darauf eingehen, wie Paare lernen können, flexibel und anpassungsfähig zu sein.)

Wir alle kennen Paare, die in ihrer Persönlichkeit, ihrem Temperament, ihren Interessen, ihrem Geschmack und ihren Hobbys gar nicht unterschiedlicher sein könnten. Wie funktionieren solche Beziehungen?

Es gibt eine sehr scharfsinnige Cartoon-Serie namens „Cathy“, gezeichnet von Cathy Guisewite. Ein Cartoon zeigt Cathy und ihren Freund Irving, wie sie nebeneinander auf dem Sofa sitzen. Sie liest ein Buch mit dem Titel *Liebe in den Neunzigern,* während er den Sportteil der Zeitung studiert.

„Hier steht“, sagt Cathy, „daß uns bei einem anderen Menschen immer genau das am meisten anzieht, was uns später zum Wahnsinn treiben wird, Irving.“

Er schaut sie argwöhnisch an.

„Verliebe dich in seine Aufmerksamkeit, und es wird dich wahnsinnig machen, daß er dir nicht genug Raum läßt“, fährt sie fort. „Verliebe dich in seinen Erfolgsdrang, und es wird dich wahnsinnig machen, daß er nur an seine Arbeit denken kann.“

Nun kommt Cathy richtig in Fahrt, und mit hoch erhobenem Zeigefinger doziert sie weiter: „Die Eigenschaft, die du am meisten liebst, ist die Eigenschaft, die dich abstoßen wird, über die ihr euch am heftigsten streiten werdet und an der eure Beziehung zerbrechen wird!“

Jetzt hat Irving die Nase voll. Ihm reicht es. Er rollt seinen Sportteil zusammen und benutzt ihn, um seinen Worten Nachdruck zu verleihen: „Das reicht, Cathy! Ich werde mir nicht noch einen wunderbar harmonischen Sonntagnachmittag ruinieren, indem ich mir deine idiotischen Selbsthilfebuch-Offenbarungen anhöre!“ Damit macht er auf dem Absatz kehrt und geht weg.

Cathy liest inzwischen weiter: „Verliebe dich in ihre Einsicht, und es wird dich wahnsinnig machen, daß sie zuviel weiß ...“

Die Schöpferin dieses Cartoons illustriert einen wichtigen Punkt: Eigenschaften, die zu Beginn einer Beziehung anziehend sind, können sich auf lange Sicht als schwer erträglich erweisen. Darum sage ich den Leuten, die zu mir kommen, immer: „Wenn die Eigenschaften, die Sie attraktiv finden, sich von Ihren eigenen Eigenschaften unterscheiden, dann seien Sie vorsichtig." Fast jede neuere psychologische Untersuchung deutet darauf hin, daß es entscheidend ist, einen Ehepartner zu finden, der vieles mit Ihnen gemeinsam hat. Ist Ihr Partner sehr anders als Sie, so kann Sie das am Anfang anziehen, aber die dauerhaftesten und glücklichsten Ehen sind normalerweise diejenigen, in denen die Partner sich sehr ähnlich sind.

Die überwältigende Mehrzahl der Untersuchungen beweist, daß Sie mit jemandem, der Ihnen sehr gleicht, am leichtesten glücklich werden. Selbst innerhalb unserer eigenen Familien fühlen wir uns am stärksten zu den Leuten hingezogen, deren genetische Beschaffenheit der unseren am nächsten kommt.

J. Phillippe Rushton, den ich bereits erwähnte, kommt zu dem Schluß: „Letzten Endes folgt eine erfolgreiche menschliche Partnerfindung den Linien der genetischen Ähnlichkeit." Das stimmt. Eines der wichtigsten Prinzipien, die man bei der Partnerwahl beherzigen sollte, beruht auf einer vielfach belegten Tatsache: stabile und glückliche Ehen entstehen normalerweise zwischen zwei Menschen, die sich sehr ähnlich sind.

Fünfzig-Punkte-Liste der hilfreichsten Gemeinsamkeiten in der Ehe

1. Sozio-ökonomischer Familienhintergrund
2. Intelligenz
3. Schulbildung
4. Sprachliche Fähigkeiten
5. Rollenerwartungen für beide Partner innerhalb der Ehe
6. Ansichten über Machtverteilung in der Familie

7. Gewünschte Kinderzahl
8. Gewünschter Zeitpunkt der Familiengründung
9. Ansichten über Kindererziehung
10. Politische Einstellung
11. Ansichten über Rauchen, Alkohol und Drogen
12. Intensität des Kontakts zu den Schwiegereltern und ihren Familien
13. Sinn für Humor
14. Pünktlichkeit
15. Zuverlässigkeit
16. Wunsch nach verbaler Intimität und Fähigkeit dazu
17. Bedeutung von Konflikten und Lösungswege
18. Umgang mit Zorn
19. Umgang mit Freundschaften zum anderen Geschlecht
20. Erwartetes Maß an Privatsphäre und Regeln für ihren Gebrauch
21. Maß an Ehrgeiz
22. Lebensziele
23. Einstellung zum Körpergewicht
24. Religiöse und geistliche Überzeugungen
25. Intensität des Engagements in der Gemeinde
26. Religiöses Engagement in der Familie
27. Hobbys und Interessen
28. Bevorzugte Musikrichtungen
29. Energielevel für körperliche Aktivitäten
30. Sexueller Drang und sexuelle Interessen
31. Anteil des Einkommens, der ausgegeben beziehungsweise gespart werden soll
32. Wieviel Geld wofür ausgegeben werden soll (Kleidung, Urlaub und so weiter)
33. Wieviel Geld wohin gespendet werden soll
34. Höhe des Risikos bei Investitionen
35. Einstellung zur Reinlichkeit – Haus, Kleidung, Körper und so weiter
36. Umgang mit Krankheit
37. Maßstäbe für Gesundheit – wann soll man zum Arzt gehen?

38. Zwischenmenschliche und gesellschaftliche Fähigkeiten
39. Bevorzugte Intensität und Art des gesellschaftlichen Lebens
40. Gegend, in der man leben möchte
41. Größe und Stil des Hauses
42. Einrichtungsstil
43. Bevorzugte Häufigkeit und Art von Reisen
44. Urlaubsaktivitäten
45. Wie man wichtige Feiertage begeht
46. Wieviel Zeit man zusammen verbringen will
47. Zeit des Schlafengehens und Aufstehens
48. Temperatur im Haus tagsüber und in der Nacht
49. Aktivitäten während der Mahlzeiten (Reden, Fernsehen und so weiter)
50. Bevorzugte Fernsehsendungen

Viertes Prinzip: Werden Sie gesund, bevor Sie heiraten

Eine glückliche Ehe erfordert zwei gesunde Menschen – und die Zeit, gesund zu werden, ist vor der Hochzeit. Ich rede hier nicht von Ernährung und Sport, obgleich körperliche Gesundheit auch in der Ehe wichtig ist. Ich rede auch nicht von geistlichem Leben, obwohl ich glaube, daß gute Beziehungen geistlich lebendig sind.

Worum es mir hier geht, ist die emotionale und geistige Gesundheit der beiden Menschen, die im Begriff sind, eine lebenslange Partnerschaft einzugehen. Diese Art der Gesundheit trägt erheblich dazu bei, daß eine Ehe stark und glücklich sein kann. Ja, wenn zwei Partner nicht gesund sind, werden sie ihre Ehe unausweichlich schädigen und vielleicht sogar zerstören.

Michelle suchte mich nach neun Jahren Ehe auf. Eigentlich kam sie nur, weil ihr Mann gedroht hatte, sie zu verlassen, wenn sie sich nicht um Hilfe bemühte. Sie saß in meinem Wartezimmer und versuchte sich mit einer Zeitschrift zu beschäftigen. Doch sie war zu nervös, um sich zu konzentrieren, und wirkte erleichtert, als ich mich vorstellte und sie in mein Sprechzimmer bat.

Sie war überaus sorgfältig gekleidet. Offensichtlich hatte sie seit langem über dieses Treffen nachgedacht und sich genau überlegt, was sie anziehen und sagen würde. Sie war eine attraktive, dreißigjährige Frau mit herzlichem Lächeln und schönem Gesicht. Allerdings hatte sie beträchtliches Übergewicht – und sie war deswegen äußerst empfindlich. Diese Verlegenheit gab ihr eine schüchterne Note – sie hatte eine sehr leise Stimme, Augen, die einen nicht lange ansehen konnten, und eine Art zu sprechen, die ihren Mangel an Selbstvertrauen erkennen ließ.

„Tom und ich haben kurz vor meinem einundzwanzigsten Geburtstag geheiratet. Er war damals achtundzwanzig“, erzählte sie mir. „Ich hatte ein Jahr lang gearbeitet, nachdem ich für vier Semester auf dem College gewesen war. Tom war nicht auf dem College. Im Grunde hat er nicht einmal die High School abgeschlossen. Er war immer intelligent, aber er langweilte sich und kam mit den Lehrern nicht sehr gut aus. Er war meistens in Schwierigkeiten, wenn er in der Schule war, und in seinem letzten Jahr ging er schließlich vorzeitig ab. Dann arbeitete er in der Firma seines Onkels und kam gut zurecht. Sein Onkel hat sich jetzt teilweise zur Ruhe gesetzt, und Tom leitet die Firma. Er ist sehr erfolgreich, aber er arbeitet sehr viel und ist nicht oft zu Hause.“

Ich wartete, ob sie fortfahren würde, und sagte dann: „Nun, das sind reichlich interessante Einzelheiten über Tom, aber erzählen Sie doch mal etwas über sich selbst.“

„Es ist leichter, über Tom zu reden“, sagte sie langsam. „An ihm ist einfach mehr dran. Ich glaube, man könnte sagen, daß ich mich in Tom zu einer Zeit verliebt habe, als ich von mir selbst nicht besonders viel hielt. Er war groß und gutaussehend, älter und weiser, und er schien sich sehr für mich zu interessieren. Er nahm mich an schöne Orte mit, rief mich zwei- oder dreimal am Tag an und sorgte dafür, daß ich mich wohler in meiner Haut fühlte als je zuvor. Als er mich seinen Eltern vorstellte, mochte ich sie beide auf Anhieb. Seine Mutter behandelte mich sofort wie eine Tochter, und ich hatte zum ersten Mal das Gefühl, einem Erwachsenen etwas zu bedeuten. Nach vier oder fünf Monaten bat mich Tom, ihn zu heiraten, und ich konnte nicht anders als ja sagen.“

Ich fing an, zu verstehen, warum Michelle um einen Termin gebeten hatte. Offensichtlich war sie mit einundzwanzig eine sehr hübsche junge Frau gewesen, aber ihr Selbstbild hatte sich nie richtig entwickeln können. Sie hatte sich auf eine Romanze mit einem Mann eingelassen, der sieben Jahre älter war als sie selbst; jemandem, der während seiner ganzen Schulzeit Probleme gehabt hatte. Wahrscheinlich hatte er das Bedürfnis, sein eigenes wackeliges Selbstbewußtsein zu stützen; und was konnte ihm da nützlicher sein als eine junge, schöne und leicht zu beherrschende Frau? Die Tatsache, daß sie so gut mit seinen Eltern auskam, steigerte sein Selbstvertrauen noch. Also heirateten sie.

Achtzehn Monate lang ging alles gut. Michelle arbeitete weiter, Tom hatte Erfolg in der Firma seines Onkels, und sie kauften ihr erstes kleines Haus und fingen an, es in Schuß zu bringen. Ungefähr um diese Zeit wurde Michelle schwanger. Kurz vor der Geburt ihres Sohnes hörte sie auf zu arbeiten und wurde vollzeitliche Hausfrau. Tom war entzückt von seinem Sohn und hatte große Träume für ihn; Träume, die ihn dazu drängten, länger zu arbeiten, so daß er jeden Abend erschöpft nach Hause kam. Mit der Zeit fing er an, auch samstags zu arbeiten, und sonntags war er dann zu müde, um mit Michelle in den Gottesdienst zu gehen – so, wie sie es zu Beginn ihrer Ehe getan hatten. Wenn Michelle versuchte, mit ihm über ihren Mangel an gemeinsamer Zeit zu reden, bat Tom sie um Verzeihung. Er versprach, sich zu ändern, und sagte dann, er wolle nichts mehr von diesem Thema hören.

Michelle fing an, innerlich auseinanderzubrechen. Sie war in sich selbst nie besonders stark gewesen. Die einzige Zeit, in der sie das Gefühl hatte, etwas wert zu sein, war damals, als sie in einer übertriebenen Abhängigkeit von Tom stand. Nun war ihr Mann nicht mehr für sie da, und sie glitt in eine Depression. Sie sorgte für ihren kleinen Jungen, und dann begann sie, fast täglich Gelage mit allen möglichen Knabbereien zu veranstalten. Indem sie mehr und mehr in ihren Bauch stopfte, versuchte sie, ihre Gefühle der inneren Leere zu vertreiben, aber es änderte sich nichts außer ihrem Gewicht.

„Dann dachte ich", fuhr sie fort, „wenn wir noch ein Kind bekämen, würde ich mich vielleicht besser fühlen, und Tom würde mir mehr Aufmerksamkeit schenken. Ich wurde schwanger, verlor vollkommen die Kontrolle über mein Gewicht und bekam dann unser kleines Mädchen. Aber das verschaffte mir nur vorübergehend Erleichterung von meiner Depression. Zwei oder drei Monate nach der Geburt unseres zweiten Kindes fing Tom an, mir zu sagen, wie sehr ihn mein Körper abstoße. Ich sagte ihm, daß ich versuchte, abzunehmen, aber ich wußte eigentlich, daß es nicht stimmte. Das war vor über vier Jahren, und obwohl wir unsere Kinder sehr lieben, ist unsere Ehe inzwischen immer brüchiger geworden. Und jetzt glaube ich, daß Tom wirklich dicht davor steht aufzugeben. Und ehrlich gesagt, ich weiß zwar nicht, was ich tun würde, wenn Tom von mir ginge, aber manchmal ist es mir richtig egal. Ich habe nicht die leiseste Ahnung, wie ich aus dem Loch herauskommen soll, in dem ich stecke."

Emotionale Probleme richten immer Schaden an

Klingt Ihnen Michelles Geschichte vertraut? Es gibt Tausende von Fällen, die im Grunde genauso verlaufen. Das Muster ist fast immer dasselbe, unabhängig davon, worin im jeweiligen Fall die emotionalen Probleme bestehen. Zwei Menschen schleppen ihren emotionalen Ballast mit in die Ehe und meinen, sie hätten damit die Lösung für ihre inneren Schwierigkeiten gefunden. Mit der Zeit jedoch bricht die Realität durch, und die alten Probleme kommen wieder an die Oberfläche, oft sogar noch intensiver und zerstörerischer. Bald wird die Beziehung brüchig.

Bei Michelle war es so, daß sie keine eigenständige Identität entwickelt hatte. Ihre Gefühle über sich selbst waren nicht besonders positiv, vor allem deshalb, weil sie nicht wußte, wer sie eigentlich war – und was man nicht kennt, das kann man auch nicht lieben. Sie hätte noch mehr Zeit für ihre Entwicklung gebraucht – und wahrscheinlich auch professionelle Hilfe –, um zu lernen, sich selbst anzunehmen und zu schätzen. Nötig wäre auch eine fundierte Beratung gewesen, um darüber nachzudenken, was für einen Mann sie heiraten sollte. Ohne diese Hilfe waren für ihre Ehe Probleme abzusehen.

Tom wiederum hatte seine eigenen Probleme. Während seiner ganzen Schulzeit hatte er nie gelernt, seine rastlose Energie zu zügeln. Er war zwar intelligent, hatte aber fast ständig Schwierigkeiten mit Autoritätspersonen. Also entwickelte er eine Reihe von Strategien, um seine Umgebung unter Kontrolle zu halten. Eine davon bestand darin, eine jüngere Frau zu heiraten, die sich durch seine Aufmerksamkeit geschmeichelt fühlte und ihm alle Entscheidungen überließ.

Wie Tom und Michelle denken viele Leute, die Ehe wäre ein Wunderheilmittel für ihre Probleme. Sie meinen, ihre alten Schwierigkeiten würden sich auflösen, sobald das Band geknüpft wäre. Und vielleicht können die Frische und die Euphorie ihrer Beziehung die Anzeichen der Probleme tatsächlich für eine Weile verdecken. „Es ist ein neuer Anfang", denken die frisch Verheirateten. „Wir lassen alle alten Probleme hinter uns und fangen von vorne an."

Doch letzten Endes kann die Ehe vorhandene Probleme nur verstärken. Die Belastungen der Ehe, die Verwundbarkeit, der man sich aussetzt, wenn man tagein, tagaus mit einem Menschen zusammenlebt, die Last der Verantwortung, die Angst vor dem Versagen, die Erkenntnis, daß die Ehe kein Allheilmittel ist – all dies wirkt zusammen, um die bestehenden Probleme in den Vordergrund zu treiben. Michelle hatte geglaubt, die Ehe würde ihr ein „Ich" verleihen und auf „magische" Weise dafür sorgen, daß sie sich in ihrer Haut wohl fühlen würde. Am Ende war sie schlechter dran als zuvor. Das ist nur allzu oft die Folge, wenn Paare durch die Heirat versuchen, eine Abkürzung zur Lösung ihrer persönlichen Probleme zu nehmen.

Wenn dann die Schwierigkeiten auftauchen, erhöhen viele Paare den Einsatz. Statt sich auf die zugrundeliegenden emotionalen Probleme zu konzentrieren, lenken sie ihre Aufmerksamkeit davon ab, indem sie Kinder bekommen, sich mit Haut und Haaren dem Beruf verschreiben oder sich teure Spielzeuge anschaffen. Aber die alten Probleme sind immer noch da; sie sind nur verdeckt. Was schließlich bleibt, ist eine Familie, die in der Krise steckt. Wären die individuellen Probleme vor der Ehe verarbeitet worden, so hätte der ganzen Familie eine Menge Schmerz und Leid erspart bleiben können.

Ein Beispiel aus der Bibel

Eine der bekanntesten Geschichten der Bibel erzählt von dem jungen Jakob. Er hatte sich einverstanden erklärt, sieben Jahre zu arbeiten, um dafür das Recht zu bekommen, Labans junge und schöne Tochter Rahel zu heiraten.

Jakob arbeitete in diesen sieben Jahren hart und erfüllte seinen Teil der Abmachung. Aber dann gab Laban Jakob seine ältere Tochter Lea!

Jakob war zu Recht empört, und Lea geriet in eine schmerzliche Situation. Vielleicht mochte Jakob sie, aber es war offenbar eher die Art von Zuneigung, die man für eine Schwägerin empfindet. Lea war seine Frau, aber er *liebte* Rahel.

Die Geschichte wird im weiteren Verlauf unglaublich rührend und traurig. Sie wird zu der Geschichte einer Frau, die sich danach sehnt, von ihrem Mann geliebt zu werden, aber nicht weiß, wie sie ihn dazu bringen kann. In meiner Praxis ist mir diese Situation häufig begegnet, und die Strategie, auf die Lea schließlich verfiel, ist dieselbe, die ich auch bei zahllosen anderen vorgefunden habe. Im neunundzwanzigsten Kapitel des ersten Buches Mose wird berichtet, wie die Geschichte weiterging:

„Und Lea ward schwanger und gebar einen Sohn; den nannte sie Ruben und sprach: Der Herr hat angesehen mein Elend; nun wird mich mein Mann liebhaben. Und sie ward abermals schwanger und gebar einen Sohn und sprach: Der Herr hat gehört, daß ich ungeliebt bin, und hat mir diesen auch gegeben. Und nannte ihn Simeon. Abermals ward sie schwanger und gebar einen Sohn und sprach: Nun wird mein Mann mir doch zugetan sein, denn ich habe ihm drei Söhne geboren. Darum nannte sie ihn Levi. Zum viertenmal ward sie schwanger und gebar einen Sohn und sprach: Nun will ich dem Herrn danken. Darum nannte sie ihn Juda. Und sie hörte auf, Kinder zu gebären" (1. Mose 29,32-35).

Leas rastlose Suche nach Liebe brachte sie dazu, diese Kinder zu bekommen. Das ganze weitere erste Buch Mose ist voll von den chaotischen Ereignissen im Leben dieser Söhne, die aus dem verzweifelten Versuch ihrer Mutter heraus empfangen wurden, sich Liebe zu verschaffen.

Das Fundament der seelischen Gesundheit

Wenn ich mir ein Urteil über die emotionale Gesundheit meiner Klienten bilden will, fange ich immer bei ihrem Selbstbild an. Für ein gut gebautes Haus muß man ein solides Fundament legen. Und ein solches Fundament ist für Sie und mich ein positives Selbstkonzept.

Das Selbstkonzept steht mitten im Zentrum der emotionalen und geistigen Funktionsfähigkeit jedes Menschen. Es ist so zentral, daß keine Beziehung zwischen zwei Menschen gesünder sein kann, als es die beiden beteiligten inneren „Ichs" sind. Wenn Sie sich selbst gut kennen und wirklich gern haben, sind Sie den täglichen Herausforderungen des Lebens gewachsen. Aber wenn sie ein brüchiges Selbstbewußtsein haben, sind Sie für alle möglichen emotionalen Probleme anfällig. Sie können Ihr inneres Leben nicht auf gesunde Weise beherrschen, wenn Ihre Selbstachtung niedrig und Ihr Selbstvertrauen wackelig ist.

Für mich sind die entscheidenden Fragen: Wie gut ist das Selbstkonzept einer Person aufgebaut, und wieviel Energie hat sie für die Beherrschung ihres Innenlebens? Wenn ein Mensch den Eindruck erweckt, mit sich selbst nicht im Reinen, emotional niedergeschlagen oder zu leicht erregbar zu sein, dann sind die Samen für eine emotionale Störung bereits ausgestreut. Und wenn dieser Mensch sich selbst mit Gleichgültigkeit oder gar Verachtung betrachtet, dann rechne ich immer damit, auf den „tieferen Stockwerken" noch schwerwiegendere Probleme zu finden. Freilich verbergen manche Leute ihre niedrige Selbstachtung, indem sie sich aufgeblasen geben – indem sie angeben, Fehler oder Schwächen verleugnen oder ein makelloses Bild von sich selbst zu vermitteln versuchen. Zeigen Sie mir einen Menschen, der allzu überzeugt von sich selbst und allzu begierig zu sein scheint, *seinen* Willen zu bekommen, und ich zeige Ihnen einen Menschen mit einem beschädigten Fundament.

Was für emotionale Probleme, die Sie an sich selbst oder an einem potentiellen Partner erkennen sollten, können denn aus einem schlecht entwickelten Selbstkonzept entspringen? Schauen wir uns einige davon an.

Neurotiker und Soziopathen

Fast jeder hat den Ausdruck Neurotiker schon einmal gehört, aber die meisten Leute wissen nicht, was er bedeutet. Lassen Sie sich durch den psychologischen Klang dieses Wortes nicht abschrecken. Es ist im Grunde recht einfach: Eine Neurose besteht aus Angst und einer Reihe von Verhaltensweisen, die darauf angelegt sind, der direkten Konfrontation mit den Problemen, die die Angst verursachen, aus dem Weg zu gehen.

Praktisch jede Neurose fängt etwa so an: Ein Mensch fühlt sich im Kern seiner Persönlichkeit unzulänglich, so daß er sich schon durch gewöhnliche, alltägliche Probleme bedroht fühlt. Die Reaktion besteht darin, diesen Problemen auszuweichen, anstatt sich ihnen zu stellen und sie aufzuarbeiten. Die Abwehrmechanismen, die benutzt werden, um den Problemen aus dem Weg zu gehen, werden selbst zu bedeutenden Problemen.

Viele Menschen leiden an irgendeiner Neurose, wobei die Schwere unterschiedlich ist. Auch die Erscheinungsform kann sehr unterschiedlich sein, aber die verheerenden Auswirkungen auf eine Ehe, die daraus resultieren können, sind enorm. Wenn eine Person regelmäßig depressiv ist, voller Angst steckt, von irrationalen Befürchtungen umgetrieben wird oder sich übermäßig mit ihrem Körper beschäftigt, leidet sie möglicherweise an einer dieser Neurosen.

Unglücklicherweise kommt es oft vor, daß ein Neurotiker einen anderen Neurotiker heiratet, und eine solche Partnerschaft ist normalerweise von Anfang an gefährdet. Die Belastungen einer jungen Ehe können es äußerst kompliziert machen, solche Probleme aufzuarbeiten. Darum ist es ratsam, seine Probleme zu lösen, bevor man heiratet.

So sehr ich auch über die weite Verbreitung der Neurosen betroffen bin, mache ich mir doch noch mehr Sorgen über soziopathische Störungen oder Charakterstörungen. Die Wurzel solcher Störungen ist das, was wir „unzulängliche Sozialisation“ nennen. Menschen mit solchen Störungen verfügen nicht über ein wirksames, empfängliches Gewissen und empfinden wenig oder gar keine Schuld, Reue oder Angst. Während Neurotiker an einem überaktiven Gewissen leiden und dadurch *zuviel* Schuld und Scham empfinden, empfinden Soziopathen *zuwenig* davon. Häufig tun sie, was sie wollen, ohne sich groß darum zu kümmern, welche Auswirkungen ihr Verhalten auf andere haben wird.

Menschen, die chronisch lügen und betrügen, leiden normalerweise an zwei wesentlichen Mängeln. Erstens ist ihr Selbstkonzept nicht sonderlich gut aufgebaut. Sie verfügen über keine große Fähigkeit, gute Entscheidungen zu treffen und im eigenen langfristigen Interesse die Befriedigung ihrer Wünsche auf später zu verschieben; daher werden sie sehr stark von ihren augenblicklichen Impulsen getrieben und beherrscht. Zweitens sind sie schwer untersozialisiert;

das heißt, sie nehmen fast keine Rücksicht auf die Rechte anderer. Es ist, als ob die Spielregeln des Lebens in ihrem Gehirn einfach niemals hängengeblieben wären. Sie handeln, als stünden sie über dem Gesetz – als gälte es einfach nicht für sie.

Doch oft setzen sie eine wirksame „Maske" auf, um andere zu beeindrucken und ihr Vertrauen zu erwecken. Normalerweise präsentieren sie nach außen hin ein Bild ohne Ecken und Kanten. Sie können sogar regelrecht charmant, liebenswert, witzig und unterhaltsam sein. Aber wenn Sie einen solchen Menschen zu nahe an sich heranlassen, wird er nehmen, was er bekommen kann, und nur wenig zurückgeben.

Es ist eine tragische Tatsache, daß Charakterstörungen in unserer Gesellschaft auf dem Vormarsch sind. Nach einer Schätzung zum Beispiel sind allein fünf Millionen Amerikaner von einer dieser Charakterstörungen betroffen – der *antisozialen Persönlichkeitsstörung.* Diese Menschen verletzen regelmäßig die Rechte anderer. Sie sind Problemkinder, gelten als unmögliche Jugendliche und gefährliche Erwachsene. Typisch ist, daß sie bei jeder Gelegenheit lügen, betrügen und sich Autoritäten widersetzen. Unter Männern sind sie häufiger anzutreffen als unter Frauen, und normalerweise sind sie eher jung als alt.

Alle möglichen Arten von Menschen können diese Eigenschaften haben – skrupellose Geschäftsleute, Anwälte, die lügen und betrügen, bestechliche Politiker, Fernsehevangelisten, die gierig auf das Geld älterer und benachteiligter Menschen sind, und natürlich Drogenhändler, Prostituierte und andere, die ständig gegen die Regeln verstoßen. Manchmal sind es ganz normale Leute, an denen nichts Auffälliges ist. Aber hinter ihrem durchschnittlichen Äußeren verbirgt sich eine trügerische, lauernde Geisteshaltung.

Wenn ich Leuten begegne, die betrügen – und denen ihr Gewissen deswegen kaum zu schaffen macht –, dann weiß ich, daß ihre wesentlichen Beziehungen, besonders ihre Ehen, irgendwann in Schwierigkeiten geraten werden. Nur selten können sie ihr Problem unter Kontrolle halten, und deshalb ist es unwahrscheinlich, daß sie in den intimen Bereichen von Ehe und Familie vertrauenswürdig sein werden.

Jack hatte eine Charakterstörung. Er belog ständig Julie, seine Verlobte. Er vereinbarte mit ihr, sie um eine bestimmte Zeit abzuholen, kam aber fast immer fünfzehn oder zwanzig Minuten später. Schwerer wog, daß er zwei- oder dreimal mit einer anderen Frau ausging; einmal fand Julie es heraus. Als sie ihn zur Rede stellte, stritt er alles ab und spielte den Gekränkten, weil Julie ihm nicht vertraute. Als später klar wurde, daß Jack gelogen hatte, entschuldigte er sich aalglatt bei Julie und sagte, er habe sie einfach nicht verletzen wollen.

Wie erkennen Sie einen solchen Menschen – selbst wenn dieser Mensch Sie selber sind? Achten Sie zuerst auf einen Mangel an Gewissen. Empfindet die Person echte Schuld, wenn sie etwas Falsches getan hat? Empfindet sie Reue über den Schmerz, den sie anderen zugefügt hat? Wenn nicht, hat der Betreffende ein schwerwiegendes Problem.

Achten Sie dann auf impulsives Verhalten. Mit anderen Worten: Ist der Betreffende fähig zu guten Entscheidungen, die die Interessen anderer berücksichtigen – und nicht nur seine eigenen? Oder tut er einfach, wonach ihm ist, und zwar wann immer er will?

Achten Sie außerdem auf Lügen, auf das Betrügen und Ausnutzen anderer und auch das Beschuldigen von anderen für eigenes Fehlverhalten. Seien Sie auch wachsam bei großen Reden über hohe moralische Maßstäbe und falscher Reue, wenn der Betreffende bei einem Fehlverhalten erwischt wird.

Wenn Sie auf solche Probleme stoßen, dann denken Sie bitte nicht, daß sie einfach verschwinden oder sich von allein bessern werden. Wenn Sie selbst mit solchen Problemen zu kämpfen haben, nehmen Sie professionelle Hilfe in Anspruch. Und wenn Ihr Partner derartige Verhaltensweisen an den Tag legt, verlangen Sie von ihm, sich helfen zu lassen. Was auch immer Sie tun, binden Sie sich auf keinen Fall an einen solchen Menschen, solange diese Probleme nicht verarbeitet und von Grund auf geheilt sind.

Fünf weitere Schlüsselprobleme

Es gibt noch viele weitere emotionale Probleme, die aufgearbeitet werden müssen, bevor eine solide und glückliche Ehe aufgebaut werden kann. Betrachten wir fünf Probleme, die mir immer wieder begegnen:

▷ *Falscher Umgang mit Zorn.* Die Unfähigkeit, mit Zorn richtig umzugehen, führt zu zahllosen Scheidungen. 1991 wurden in den USA mehr als zwei Millionen Fälle von Kindesmißhandlung gemeldet. Die meisten Experten glauben, daß auf jeden gemeldeten Fall eine Dunkelziffer von fünf oder zehn weiteren Fällen kommt. Die Unfähigkeit, Zorn zu beherrschen, ist jedes Jahr für vier bis sechs Millionen Fälle von Mißhandlungen des Ehepartners verantwortlich. Wenn Sie eine Person heiraten, die ihren Zorn nicht beherrschen kann, welche Chance wird dann Ihre Ehe haben?

▷ *Narzißmus.* Damit ist eine übersteigerte Selbstbewunderung gemeint. Ich kenne einen gutaussehenden, zweiundzwanzigjährigen Theologiestudenten namens Harold. Er war mit Jamie verlobt, aber er hatte den Eindruck, sie stünde vielleicht etwas „unter“ ihm, sie sei ihm nicht ganz ebenbürtig. Es ist grundsätzlich völlig in Ordnung, darüber nachzudenken – aber er verwandte nicht einen einzigen Gedanken darauf, was für ein Partner *er* für sie sein würde. Er nahm sie aus verschiedenen Blickwinkeln unter die Lupe und fragte sich ständig, wie sie zu ihm passen und wie glücklich sie ihn machen würde. Er war unglaublich von sich eingenommen und in seine eigenen Eigenschaften überaus verliebt. Obwohl er intelligent genug war, um einiges von seiner Eingebildetheit und Selbstliebe zu verbergen, hatte ich bei ihm fast immer das Gefühl, ins Leere zu reden, und ich spürte, daß meine Ansichten für ihn bedeutungslos waren.

Harold war zu sehr mit seinen eigenen Bedürfnissen und Gefühlen beschäftigt, als daß er noch Kräfte frei gehabt hätte, mir zuzuhören. Sicherlich empfand Jamie genauso.

Tatsache ist, daß Narzißmus und Ehe nicht zusammenpassen. Der Schriftsteller Ambrose Bierce beschrieb die Ehe einmal als den „Zustand einer Gemeinschaft, die aus einem Herrn, einer Herrin und zwei Sklaven besteht – insgesamt zwei Personen." Mit anderen Worten, Ehepartner müssen einander dienen. Narzißten halten jedoch einfach nichts davon, sich um irgend jemand anderen zu kümmern. Ihre ganze Aufmerksamkeit gilt ihrem eigenen Wohlergehen.

▷ *Manisch-depressive oder zyklothymische Persönlichkeitsstörung.* Ich erwähne diese Störung hier, weil ich sie so oft erlebt habe. Diese Menschen leiden unter einander abwechselnden Phasen der Euphorie und der Depression, und sie lassen andere darunter leiden. Wenn sie ein Hoch haben, sind sie enthusiastisch, ehrgeizig, optimistisch, warmherzig und energiegeladen. Aber wenn sie ein Tief haben, sind sie pessimistisch, negativ, teilnahmslos, kritiksüchtig und schwer zu ertragen. Manchmal läßt sich dieser Zustand mit Medikamenten wirksam behandeln. Dramatische Stimmungsschwankungen können eine Ehe Schiffbruch erleiden lassen, und es ist ratsam, vor der Hochzeit einen Arzt aufzusuchen, wenn Sie den Verdacht haben, Sie oder Ihr Partner könnten manisch-depressiv sein.

▷ *Sucht.* Probleme mit Alkohol, Drogen, Glücksspiel und Sex sind sehr ernst zu nehmen. Wenn Sie in eine Ehe voller Tretminen marschieren wollen, dann suchen Sie sich einen Partner, der an einer Sucht leidet. Nur sehr wenige Ehen überleben die zerstörerischen Auswirkungen der Abhängigkeit eines Partners.

Ich definiere „Sucht" als jedes Verhalten, das Sie fortgesetzt an den Tag legen, obwohl es Ihre Gesundheit, Ihre Arbeit oder Ihre wesentlichen Beziehungen negativ beeinflußt. Menschen, die an einer Sucht leiden und heiraten möchten, werden oft Behauptungen aufstellen, um sich vor einer notwendigen Behandlung zu drücken. Zum Beispiel werden sie wiederholt heftig abstreiten, daß sie ein Problem haben. Oder sie werden beharrlich behaupten, daß sie jederzeit mit dem Verhalten aufhören könnten, wenn sie wollten. Doch das trifft fast niemals zu.

Für jemanden, der auf eine Ehe zusteuert, ist es oft schwierig, eine Sucht zu erkennen. Wie Soziopathen sind auch Süchtige äußerst geschickt darin, ihr Problem zu vertuschen und zu verbergen. Sie denken vielleicht, daß Sie auf jeden Fall erkennen würden, wenn jemand zuviel trinkt oder Drogen nimmt. Aber oft sind Sie dazu nicht in der Lage. Sollten Sie auch nur den leisesten Verdacht hegen, Ihr zukünftiger Ehepartner könnte ein solches Problem haben, schlage ich vor, daß Sie Bücher über das Thema lesen und mit einer fachkundigen Person über die verräterischen Anzeichen der Sucht reden.

Wenn Sie selbst von einem solchen Problem betroffen sind, rate ich Ihnen dringend, sich so schnell wie möglich um professionelle Hilfe zu bemühen oder an einem „Zwölf-Schritte-Programm", wie es zum Beispiel von den „Anonymen Alkoholikern" entwickelt worden ist, zu beteiligen. Derselbe dringende Rat gilt für Ihren Partner, wenn er derjenige ist, der an einer Sucht leidet.

▷ *Probleme mit dem Elternhaus.* Unter normalen Umständen üben unsere Mütter und Väter in unserem Leben die wichtigsten Einflüsse auf unsere Entwicklung aus. Während unserer Kindheitsjahre – und auch später noch – lernen wir Tausende von Dingen von ihnen. Manches davon lernen wir, indem wir sie beobachten; anderes ergibt sich aus dem, was sie uns durch Worte weitergeben. Doch bei weitem die wichtigste Unterweisung, die wir von unseren Eltern empfangen, erhalten wir durch die Beziehung zu ihnen – eine Beziehung, die schon vor der Geburt besteht. Im Lauf dieser Beziehung zu beiden Eltern lernen wir, Menschen zu vertrauen oder sie zu fürchten, abenteuerlustig zu sein oder vorsichtig innerhalb sicherer Grenzen zu bleiben, andere nahe an uns heranzulassen oder distanziert zu bleiben, frei zu denken und zu fühlen oder uns durch innere Abwehrmechanismen zu schützen. In unserer Beziehung zu unseren Eltern gibt es wahrscheinlich Zeiten, in denen wir uns eng mit ihnen identifizieren, und andere Zeiten, in denen wir nicht recht wissen, wer wir sind und wer sie sind.

Harville Hendrix schreibt in seinem Buch *Getting the Love You Want* (Wie Sie die Liebe bekommen, die Sie brauchen): „Wie erfolgreich ein Kind dabei ist, sich sowohl von seiner Mutter verschieden als auch mit ihr verbunden zu fühlen, wirkt sich tiefgreifend auf alle späteren Beziehungen aus. Wenn das Kind Glück hat, wird es in der Lage sein, klare Unterscheidungen zwischen sich und anderen Menschen zu treffen und sich dennoch mit ihnen verbunden zu fühlen; es wird fließende Grenzlinien haben, die es öffnen oder schließen kann, wie es will. Ein Kind, das zu Beginn seines Lebens schmerzliche Erfahrungen machen mußte, wird sich entweder von anderen Menschen abgeschnitten fühlen oder versuchen, sich völlig mit ihnen zu verschmelzen, so daß es nicht weiß, wo es selbst aufhört und die anderen anfangen. Dieser Mangel an klaren Grenzlinien wird sich in der Ehe immer wieder als Problem erweisen.“[1]

Es ist dringend notwendig, daß Sie sich über diese Beziehungen zu Ihren Eltern klarwerden und sie aufarbeiten, bevor Sie eine Ehe eingehen. Tun Sie das nicht, so werden Sie unweigerlich das, was negativ und unvollständig war, auf die neue „primäre Bezugsperson“ in Ihrem Leben übertragen.

Idealerweise sollten wir, wenn wir heiraten, folgende Punkte bewältigt haben: Erstens sollten wir im wesentlichen von unseren Eltern frei sein – emotional unabhängige Persönlichkeiten –, so daß wir nicht ihnen zu Gefallen unsere Entscheidungen treffen oder unser Leben führen. Zweitens sollten wir uns darüber klarsein, was speziell auf unsere Beziehung zu unserer Mutter und unserem Vater zutrifft und was für unsere Beziehung zu unserem Ehepartner gilt. Wenn wir diese Beziehungen verwechseln, wird unser Partner sich verletzt und hilflos fühlen. Drittens sollten wir eine Beziehung zu unseren Eltern aufgebaut haben, in der sie sich nicht in unsere Ehe einmischen und uns nicht auf autoritäre Weise in unser Leben hineinreden werden, in der wir aber immer noch die Nähe und Verbundenheit zu ihnen pflegen können.

Wenn dieses Ideal nicht vor der Ehe verwirklicht ist, kann das zu Problemen in der neuen Beziehung führen. Mir fallen Hunderte möglicher Konflikte ein, aber ich will nur die drei ansprechen, die am meisten mit den gerade genannten Punkten zu tun haben:

1. Manche Leute spüren häufig den Drang, nach Hause zu laufen oder Mutter oder Vater anzurufen, um sie um Rat zu fragen. Oder sie machen sich ständig Sorgen, daß sie ihre Entscheidungen so treffen müßten, wie Mutter oder Vater es wollen. Das gibt ihrem Partner das Gefühl, ein Komitee geheiratet zu haben statt eines einzelnen Menschen.

2. Eine Person verhält sich gegenüber ihrem Partner genau so, wie sie gelernt hat, sich gegenüber ihrem andersgeschlechtlichen Elternteil zu verhalten. Dabei hat der Partner immer das Gefühl, daß die Reaktionen und Verhaltensweisen, die er empfängt, in Wirklichkeit für jemand anderen bestimmt sind.

3. Die Eltern überschreiten vernünftige Grenzen – „Vater sagt, wir sollen das Haus auf keinen Fall kaufen!“ Oder: „Mutter sagt, wir müssen am Samstag an Omas Haus arbeiten.“ Wenn Eltern sich aufdrängen, kann eine Ehe darunter nur leiden.

Was bedeutet es, emotional gesund zu sein?

Wir haben uns angeschaut, was es bedeutet, nicht gesund zu sein – wie ist es aber nun mit der anderen Seite der Münze? Was bedeutet es, emotional gesund zu sein?

Damit beschäftigte ich mich vor kurzem, als ich mit meinem guten Freund Dr. Lewis Smedes in meiner Praxis zu

Mittag aß. Ich erzählte ihm, daß ich darüber nachgegrübelt hätte, warum ich ihn so sehr mag. Da er mich nicht unterbrach, um mir zu sagen, daß ich ihn langweilte oder in Verlegenheit brachte, dachte ich eine Weile lang weiter laut darüber nach.

„Was ich so sehr an dir mag, Lew", sagte ich, „ist, daß ich dir auf einer tiefen Ebene vertrauen kann. Und der Grund dafür ist, daß du fähig bist, ganz du selbst zu sein – und dadurch dir selbst, mir und der Wahrheit treu zu sein."

Auf seine typische Art stotterte er ein bißchen herum und sagte dann: „Was genau meinst du damit?"

„Nun", antwortete ich, „mir scheint, du bist in dir selbst so sicher, daß du dir alle Seiten eines Problems anhören, die Informationen abwägen und dann inmitten all dessen zu deiner eigenen Schlußfolgerung kommen kannst. Dein Standpunkt scheint immer klug und frei von Vorurteilen zu sein und die Tatsachen sorgfältig zu berücksichtigen. Und dann bist du in der Lage, mir zu sagen, wo du stehst, ohne mir das Gefühl zu geben, daß ich im Unrecht bin – selbst wenn du anderer Meinung bist als ich."

Durch dieses Gespräch wurde mir deutlicher, welche grundlegenden Elemente zum Gesundsein gehören.

Erstens haben gesunde Leute eine gewisse *innere Sicherheit* an sich. Sie denken nicht ständig, daß ihr Wert als Person auf dem Spiel steht, daß sie „recht haben" müssen, um akzeptiert und wertvoll zu sein. Ich glaube, diese Sicherheit entsteht aus einer guten Elternbeziehung, in der bedingungslose Liebe gegeben und empfangen wurde. Wenn man auf diese Weise geliebt wird, ist eine innere Sicherheit die natürliche Folge.

Sodann glaube ich, daß eine gesunde Person einen sehr großen *Respekt vor der Wahrheit* hat. Wir wissen, daß die Wahrheit auf ewigen und absoluten Werten beruht. Sie ist die leitende Kraft hinter all ihren Entscheidungen – von den großen wie der Wahl ihres Ehepartners bis zu den kleinen wie der Wahl des Fernsehprogramms. Manchmal mag die Wahrheit schwer zu erkennen sein, aber ein gesunder

Mensch versucht ihr so nahe wie möglich zu kommen, denn er weiß, daß Wahrheit ihm zu einem tieferen Sinn, zu besseren Beziehungen und einem zufriedeneren Leben verhelfen wird.

Gesunde Leute wissen auch, daß zur Wahrheit gehört, *alle Informationen zu sammeln,* alle verfügbaren Daten zur Kenntnis zu nehmen. Darum hören sie sorgfältig zu und interessieren sich dafür, was man wirklich denkt. Es macht ihnen keine Sorgen, wenn andere anders denken als sie selbst. Ihre Sicherheit wird dadurch nicht bedroht.

Dann wägen sie die Information ab, die sie gesammelt haben. Sie „bewerten" die verschiedenen Teile der Information durch den Einsatz sorgfältiger, wenn auch normalerweise unbewußter innerer Prozesse, die durch gut gesicherte moralische Vorstellungen grundlegend beeinflußt sind – durch ein Wertesystem, das alle Entscheidungen prägt.

Schließlich sind gesunde Leute *echt* – das heißt, sie betrachten all die Informationen, die sie gesammelt haben, und treffen dann eine Entscheidung oder nehmen einen Standpunkt ein, der der Wahrheit am nächsten kommt. Mit Mut und völliger Hingabe vertreten sie diesen Standpunkt so ehrlich, wie sie können – und sie leben entsprechend, bis sie im Licht neuer Informationen ihren Standpunkt ändern. Dennoch sind sie nicht arrogant und nehmen nicht an, ihr Standpunkt und die Wahrheit seien ein und dasselbe. Sie geben einem nicht das Gefühl, im Unrecht zu sein, wenn man anderer Meinung ist als sie. Statt dessen verfügen sie über eine tiefe Demut, die in der Erkenntnis wurzelt, daß sie nur zu fehlbar sind und daß jeder andere das gleiche Recht hat wie sie selbst, nach dem bestmöglichen Standpunkt zu suchen.

Solch einen gesunden Menschen habe ich in Lew Smedes kennengelernt, und ich glaube, solch ein Mensch wollen Sie und ich auch sein. Wenn Sie in diesem Sinne gesund werden, bevor Sie heiraten, werden Sie damit Ihrem Partner und Ihrer Ehe einen großen Dienst erweisen.

Wie können Sie gesund werden, wenn Sie es noch nicht sind?

Zahlreiche Untersuchungen haben ergeben, daß die gesündesten Ehen dann entstehen, wenn beide Partner eine gesunde Kindheit hinter sich haben. Wenn wir von fürsorglichen Eltern tiefe Liebe und sorgfältige Erziehung empfangen haben, werden wir unweigerlich auch selbst gesunde Leute sein.

Was aber passiert, wenn unsere Eltern alles andere als gesund waren? Wie können wir all die ungesunden Verhaltensmuster wieder verlernen, die wir von ihnen übernommen haben? Ich möchte Ihnen vier Hinweise geben, wie Sie gesund werden können:

▷ *Suchen Sie sich eine Quelle bedingungsloser Liebe – also solcher Liebe, wie Sie sie als Kind brauchten.* Zugegeben, es ist schwer, eine gute Quelle für solche Liebe zu finden. Vielleicht stoßen Sie bei einem engen Freund oder einem Verwandten darauf. Ich versuche, als Psychotherapeut eine gute Quelle zu sein – genau wie die meisten anderen Psychotherapeuten. Lebendige Gemeinden bieten bedingungslose Liebe, und ich persönlich habe gefunden, daß die beste Quelle der Liebe die Liebe Gottes ist. Wo auch immer Sie solche Liebe finden, sollte Ihnen kein Preis dafür zu hoch sein.

▷ *Lernen Sie, sich selbst zu lieben.* Es reicht nicht aus, daß jemand anderes Sie liebt. Sie selbst müssen die Tatsache akzeptieren, daß Sie liebenswert *sind.* Wenn Sie das tun, werden Sie entdecken, daß Sie keinen äußeren Schein fabrizieren müssen, um anderen zu gefallen und sich ihre Liebe zu verdienen. Sie können ganz und gar Sie selbst sein.

▷ *Suchen Sie sich jemanden, der Sie regelmäßig ermutigt, Ihnen Anregungen gibt, Ihnen zuhört und Sie herausfordert.* Ich habe ein paar enge Freunde, die das für mich tun. Wir alle brauchen solche Freunde, denn es ist für uns schwer – vielleicht sogar unmöglich –, unsere Emotionen zu verstehen und genau zu wissen, was wir tief in unserem Innern fühlen und denken. Wir brauchen jemanden, der uns hilft, unsere Gedanken und Gefühle zu sortieren und uns unseren Problemen zu stellen.

▷ *Pflegen Sie Beziehungen zu Menschen, die Ihnen helfen, Stellung zu beziehen, echt zu sein und sich Ihrer Standpunkte gewiß zu fühlen.* Wir alle brauchen Menschen, die zu uns stehen, uns anfeuern, unser wackeliges Selbstvertrauen aufbauen und uns Mut machen. Ihre kräftige Unterstützung hilft uns, auf dem richtigen Weg zu bleiben – auch dann, wenn wir Gefahr laufen, in ungesunde Verhaltensmuster zurückzufallen.

Das ist es, was wir brauchen, um gesund zu werden. Wir brauchen wahrhaft gesunde Leute, die uns auf freundliche, liebevolle und umsichtige Art zu neuen Eltern werden. Oft sind diese Menschen Freunde oder Angehörige, aber manchmal brauchen wir auch die Hilfe und Anleitung eines gut ausgebildeten und engagierten Psychotherapeuten. Wie dem auch sei, das Wichtige ist, daß Sie emotional gesund werden, bevor Sie heiraten. Je gesünder Sie sind, desto gesünder wird auch Ihre Ehe sein!

Fünftes Prinzip: Suchen Sie nach einer Liebe, die Sie aus tiefstem Herzen empfinden können – und bringen Sie sie vorsichtig zum Ausdruck

Meine Lieblings-Cartoons sind „Calvin und Hobbes“, gezeichnet von einem Genie namens Bill Watterson. Dies sind bei weitem die scharfsichtigsten und witzigsten Cartoons, die ich je gelesen habe. Es geht darin um einen kleinen Jungen namens Calvin und seinen Stofftiger Hobbes, der für Calvin lebendig ist – aber für niemanden sonst.

Eines Tages gehen die beiden draußen im Schnee spazieren, und Calvin fragt Hobbes: „Wie ist das, wenn man sich verliebt?“

Hobbes bleibt stehen, richtet den Blick in die Ferne und streicht sich übers Kinn. „Nun, nehmen wir an, das Objekt deiner Zuneigung geht vorbei ...“

„Ja?“ sagt Calvin und blickt erwartungsvoll zu seinem Freund auf.

„Erst fällt dein Herz in den Bauch hinab und zerschmettert deine Eingeweide“, sagt Hobbes und veranschaulicht seine Schilderung mit ausdrucksvollen Gesten. „Durch die ganze Feuchtigkeit fängst du an, ausgiebig zu schwitzen.“ Er wischt sich über die Stirn. „Die Kondensation führt zu Kurzschlüssen im Gehirn, und dir wird ganz schwindelig. Wenn dein Gehirn dann ganz durchbrennt, löst sich dein Mund, und du brabbelst wie ein Schwachsinniger, bis sie weg ist.“

„*Das* ist Liebe?!“ fragt Calvin sichtlich schockiert.

„Medizinisch gesprochen“, betont Hobbes, noch ganz mitgenommen von seiner eigenen Schilderung.

Darauf Calvin: „Junge, das ist mir auch schon mal passiert, aber ich dachte, es wären die *Masern*!“

Hobbes’ Schöpfer Bill Watterson ist vielleicht kein international anerkannter Experte auf dem Gebiet der Liebe, aber er präsentiert hier eine erhellende Einsicht, meinen Sie nicht auch? Indem er „medizinisch“ das Wesen der Liebe beschreibt, kommt Hobbes erstaunlich nahe an dieses Bündel wilder innerer Geschehnisse heran, von denen die Liebe begleitet ist. Ich weiß genau, wie es ist, wenn mein Gehirn kurzgeschlossen ist, ich mich schwindelig fühle und merke, wie mein Mund ohne jede Steuerung von meinem durchgebrannten Kontrollzentrum dummes Zeug brabbelt. Es ist ein ekstatisches, überschäumendes Gefühl. Ich hoffe, daß Sie das auch schon einmal erlebt haben.

Jemand sagte einmal: „Liebe ist nur etwas für junge Leute, Leute mittleren Alters und alte Leute.“ Für jeden ist Liebe eine starke Macht, die das Leben mit Energie durchströmt und unsere Beziehungen revolutioniert. Durch Liebe können unsere Kämpfe zu mitreißenden Abenteuern werden. Sie kann harte Arbeit in großartige Möglichkeiten verwandeln. Sie kann uns zu mutigem Verhalten antreiben. Liebe ist die großartigste Sache der Welt, und wenn zwei Menschen stark von ihr ergriffen werden, dann sollten sie das nicht geringschätzen.

Zwei Menschen, die ineinander verliebt sind, wollen unaufhörlich zusammensein. Sie sind ganz und gar aufeinander ausgerichtet. Wenn sie zusammen sind, kann ihre Biochemie ein „schwebendes“ Gefühl hervorrufen. Und wenn sie getrennt sind, können sie es nicht abwarten, wieder zusammenzukommen. All dieses Zusammensein ist dazu da, um einander immer besser kennenzulernen – immer tiefer, auf einer Ebene nach der anderen.

Während dieser Gefühle der Seligkeit gibt es für die beiden nicht genug Worte, um einander zu sagen, was sie empfinden. Ich erinnere mich an Judith Viorsts Bemerkung: „In der Kürze liegt vielleicht die Würze, aber nicht, wenn jemand ‚Ich liebe dich' sagt. Wenn jemand ‚Ich liebe dich' sagt, sollte er immer sehr in die Einzelheiten gehen. Etwa: Warum liebt er dich? Und wie sehr liebt er dich? Und wann und wo hat er angefangen, dich zu lieben? Vorteilhafte Vergleiche mit allen anderen Frauen, die er je liebte, sind willkommen, und auch wenn er meint, es würde ewig dauern, alles aufzuzählen, was er an dir liebt, wirst du ihn wohl kaum vom Aufzählen abhalten wollen."[1]

Der Zweck der Leidenschaft

Ich bezweifle, daß die Medizin oder die psychologische Forschung je völlig erklären können, warum sich zwei Menschen zueinander hingezogen fühlen. Aber ich habe eine Theorie: Ich glaube, daß die ursprüngliche Anziehung auf einer gewissen Übereinstimmung zwischen der realen Person und der „erträumten Person" beruht. Seit vielen Jahren haben Sie an einer Vision Ihres Idealpartners gefeilt. Dann begegnen Sie plötzlich jemandem, der dieser Vision nahekommt, und das löst in Ihnen einen kräftigen Ausstoß chemischer Substanzen aus, die zu einem Erlebnis von der Art führen, wie es Hobbes so treffend beschreibt. Zum Teil besteht dieser „Traum" aus körperlichen Merkmalen – Figur, Gesichtszüge, Geruch, Hautstruktur und Haarfarbe. Manchmal zeigt sich die Übereinstimmung schon auf der Ebene des Aussehens, aber manchmal wird sie erst später offenbar.

Möglicherweise haben Sie Shakespeares berühmtes Theaterstück *Romeo und Julia* schon einmal gelesen oder auf der Bühne gesehen. Als Romeo quer durch einen Raum voller Menschen Julia sieht, explodiert in ihm so etwas wie Liebe auf den ersten Blick. Als sie miteinander sprechen, empfindet Julia dieselben wilden Emotionen. Obwohl ihre Familien tief miteinander verfeindet sind, so sind doch die beiden jungen Liebenden einander hoffnungslos verfallen. Vielleicht haben Sie schon einmal ähnliche Emotionen erlebt.

So wild und leidenschaftlich diese Gefühle auch sein mögen, sie halten normalerweise nicht sehr lange an – zumindest nicht in dieser Form und Intensität. Wenn sie es täten, würde unser ganzes Inneres zermalmt, wie Hobbes es schildert. Doch solange sie vorhält, tut die leidenschaftliche Liebe einen wichtigen Dienst. Sie sorgt dafür, daß zwei Menschen einander ihre ganze Aufmerksamkeit schenken, und zwar gerade lange genug, damit sie eine dauerhafte Struktur für ihre Beziehung aufbauen können. Die Erfahrung der leidenschaftlichen Liebe könnte die beiden niemals für immer zusammenhalten. Doch es kostet eine Menge Zeit und Mühe, „dauerhafte Strukturen" für eine Beziehung aufzubauen, und wenn zwei Menschen sich körperlich nicht zueinander hingezogen fühlen, wird diese harte Arbeit vielleicht niemals getan.

Ich glaube, zu dem inneren Vorgang, bei dem Ihnen „das Herz in den Bauch hinabfällt", trägt zumindest teilweise die umwerfende Erkenntnis bei, daß Sie einen Menschen gefunden haben, der Ihre tiefsten Bedürfnisse und Wünsche erfüllen kann. Wir alle haben viele Bedürfnisse – körperliche, sexuelle, soziale und zwischenmenschliche. Doch die stärksten Bedürfnisse haben mit unserer Selbstwahrnehmung zu tun. Wir brauchen dringend das Wissen, daß jemand anderes uns begehrenswert, attraktiv und liebenswert findet. Und wenn dieser andere ein Mensch ist, den wir selbst schätzen und bewundern, dann ist der Gedanke, daß er so für uns empfindet, schier überwältigend. Attraktiv gefunden zu werden, so wie wir sind – ohne die offensichtliche Notwendigkeit irgendeiner Veränderung –, ist ein bewegendes Erlebnis!

Das ist eine weitere Funktion der leidenschaftlichen Liebe – die lebensverändernde Erfahrung, akzeptiert und wertgeschätzt zu werden. Wenn zwei Menschen ganz ineinander vertieft sind, erleben sie dabei oft eine dramatische

Steigerung ihres Selbstwertgefühls. Denn indem sie entdekken, daß jemand anderes sie attraktiv findet, fangen sie an, sich auch selbst so zu sehen. Leidenschaftliche Liebe richtet ein helles, positives Licht auf jeden der Beteiligten, und beide verlieben sich nicht nur ineinander, sondern auch in sich selbst.

Die Psychologinnen Ellen Berscheid und Elaine Walster kommen zu dem Schluß, daß gegenseitige Anziehung dann stattfindet, wenn wir glauben, daß jemand anderes uns mag, daß er über politische, soziale, wirtschaftliche und religiöse Dinge sehr ähnlicher Ansicht ist wie wir und daß er danach verlangt, uns zu unterstützen, wenn wir einsam und ängstlich sind oder unter Belastung stehen.[2] Wissenschaftliche Untersuchungen weisen sogar darauf hin, daß unsere Partnerwahl darauf ausgerichtet ist, unsere eigene Selbstachtung zu stützen. Wenn wir ein starkes Aufwallen von Gefühlen für jemanden erleben, dann liegt der Grund dafür zum Teil darin, daß wir uns aufgewertet fühlen. Wir lieben diesen Menschen teilweise deswegen, weil er uns ein gutes Gefühl über uns selbst vermittelt.

Tatsache ist, daß Liebe in *jeder* unserer Beziehungen ein sehr wirksames Heilmittel ist. Dr. Karl Menninger, einer der hervorragendsten Psychiater Amerikas, vertrat die Auffassung: „Liebe heilt Menschen – sowohl diejenigen, die sie geben, als auch diejenigen, die sie empfangen."

Wenn jemand, den wir respektieren und schätzen, uns gegenüber ein gutes Gefühl hat, dann ist unser dringendstes emotionales Bedürfnis befriedigt. Oft ist eine solche Erfahrung mit einem Menschen des anderen Geschlechts notwendig, um uns davon zu überzeugen, daß wir liebenswert *sind* und daß es gerechtfertigt ist, uns selbst gut zu finden.

„Mögen" oder „Lieben"?

Manchmal haben ein Mann und eine Frau viel gemeinsam und scheinen in vieler Hinsicht gut zueinander zu passen –

aber die „Chemie“ bleibt aus; da ist nichts, was leidenschaftlicher Liebe ähnlich wäre. Die beiden mögen eine vertrauensvolle Freundschaft mit Respekt und Bewunderung füreinander genießen, aber ihre Beziehung scheint eher wie die zwischen Bruder und Schwester zu sein. Kann sich so etwas zu einer Ehe entwickeln?

Lassen Sie mich zunächst sagen, daß viele Ehen als Freundschaften beginnen. Was auch immer die Dichter und Liedermacher über Liebe auf den ersten Blick sagen mögen –Tatsache ist, daß manche Paare zu Beginn ihrer Beziehung keine erhebenden, romantischen Gefühle verspüren. Manchmal wachsen diese starken Gefühle, die am Anfang fehlten, allmählich, wenn sich die Beziehung vertieft. Man sollte keine Beziehung auf die Dauer abschreiben, nur weil zwei befreundete Leute nicht von Anfang an leidenschaftliche Liebe füreinander empfinden. Immerhin erleben sie zumindest eine großartige Freundschaft, und sie *könnte* sich im Lauf der Zeit zu viel mehr entwickeln.

Probleme entstehen dann, wenn Menschen versuchen zu erzwingen, daß sich eine Freundschaft zur Romanze entwickelt. Eine starke Freundschaft kann ein Fundament für eine Ehe sein, aber wenn keine natürliche gegenseitige Anziehung oder keine emotionalen Funken da sind, läßt sich eine tiefere Beziehung nicht erzwingen. Mein langjähriger Kollege Dr. Paul Roberts meint, daß zwei Menschen eine echte Anziehung zueinander verspüren müssen, bevor sie an eine tiefere Beziehung denken sollten. Er arbeitet seit vielen Jahren mit verheirateten Paaren und erlebt immer wieder, wie schwierig es ist, eine erfolgreiche Ehe aufzubauen, wenn einer der Partner oder beide Partner sich zum anderen körperlich nur wenig hingezogen fühlen. Nach Dr. Roberts Auffassung ist das Verlangen danach, sich zu berühren, einander die Hand zu halten und sich zu umarmen, entscheidend für das langfristige Eheglück. Ich stimme ihm zu. Es ist praktisch unmöglich, ohne die Anziehung und Begeisterung der leidenschaftlichen Liebe eine gelungene Ehe aufzubauen.

Wohl und Wehe einer Beziehung können von der leidenschaftlichen Liebe abhängen

Ich glaube, Gottes Erfindung der leidenschaftlichen Liebe ist einer der herrlichsten Teile seiner Schöpfung! Es gibt keinen Ersatz für die tiefe Liebe, die zwei Menschen füreinander empfinden. Doch in der Anfangsphase einer Beziehung ist große Sorgfalt notwendig, wenn man diese Gefühle zum Ausdruck bringt. Leidenschaftliche Liebe hat es an sich, das Gehirn kurzzuschließen und die Vernunft zu verdrängen. Wenn man sich nicht bewußt beherrscht, kann das Paar in seiner Euphorie leicht Verhaltensweisen an den Tag legen, die für die Beziehung und jeden einzelnen schädlich sind.

Damit kommen wir unvermeidlich zu der Frage: „Wie weit sollte man vor der Ehe sexuell gehen?" Dies ist kein Buch über Sexualität, aber diese Frage ist auch im Hinblick auf die Partnerwahl sehr wichtig. (Wenn Sie sich über dieses Thema gründlicher informieren wollen, empfehle ich Ihnen das Buch *Wieso – wir lieben uns doch! – Sexualität vor der Ehe?* von Tim Stafford. Es ist im Verlag Schulte & Gerth, Asslar, erschienen.)

Ich bin fest davon überzeugt, daß zwei Menschen, die heiraten wollen, bis zu dem Augenblick, wo sie einander öffentlich das Jawort geben, einen klaren Kopf behalten müssen. Auch deswegen plädiere ich für die sexuelle Enthaltsamkeit vor der Ehe. Durch sexuellen Verkehr vor der Ehe geht man eine starke Bindung ein! Sobald Sie sich mit einem möglichen Partner sexuell eingelassen haben, können Sie nicht mehr klar und objektiv denken.

Das ist einer der Gründe, warum vorehelicher Verkehr schädlich ist. In einem impulsiven Moment kürzen zwei Menschen den Prozeß des „Einander-Wählens" ab und berauben sich ihrer Urteilskraft. Sobald sie erst einmal eine sexuelle Beziehung zueinander haben, ist ihre Fähigkeit dahin, eine kluge, ungehinderte Entscheidung zu treffen. Zahllose Paare werden von den mächtigen Gefühlen mitgerissen, die zur Sexualität gehören, und lassen sich in ihrer rosaroten Gemütsverfassung in die Ehe treiben. Mit der Zeit jedoch können die intensiven Emotionen verblassen, und dann tauchen vielleicht viele Probleme und Gegensätze in ihrer Beziehung auf.

Noch vor ein paar Jahrzehnten leistete unsere Gesellschaft dem Sex vor und außerhalb der Ehe keinen Vorschub. Die kulturellen Wertvorstellungen waren so, daß die Menschen ein starkes Gefühl dafür hatten, was richtig und falsch war, und sie befolgten diesen umfassenden moralischen Kodex (oder versuchten es zumindest). Das hat sich geändert. Film und Fernsehen, Werbung, Illustrierte, Plakate, Radiosendungen – alles fordert zu einer Alles-ist-erlaubt-Einstellung auf. Dieser systematische Angriff auf traditionelle Wertvorstellungen hat bedeutend zu den vielen verunglückten Partnerwahlen und der daraus folgenden hohen Zahl gescheiterter Ehen beigetragen. Meiner Meinung nach ist das Zerbrechen der Ehen und Familien in nicht geringem Maße die Folge dieses Umgangs mit der Sexualität.

Wir haben Unverheirateten beharrlich die Botschaft übermittelt, sexueller Verkehr sei unabhängig von der Entwicklung anderer Aspekte in ihrer Beziehung akzeptabel, ja sogar unvermeidlich. In unserer Gesellschaft drücken wir beide Augen zu, wenn Menschen außerhalb der Ehe sexuell aktiv sind, und dadurch fügen wir uns selbst im Bereich der Familie schweren Schaden zu – und letzten Endes auch der gesellschaftlichen Stabilität.

Damit Sie mich jetzt nicht für prüde halten, lassen Sie mich Ihnen versichern, daß mir durchaus bewußt ist, was in Beziehungen läuft. Als Psychologe werde ich täglich in die intimsten Kammern des Lebens anderer Menschen geschoben. Ich weiß, wie die Leute denken, fühlen und handeln. Bei diesem Thema halte ich mich für einen Realisten; ich weiß, wie Menschen sexuell miteinander umgehen. Ich kenne auch die Folgen dieses Verhaltens.

Je länger ich mir die intimsten Geschichten anhöre, die andere mir erzählen, desto klarer wird mir, daß in unserem Denken über das Sexualleben eine Revolution stattfinden muß. Wenn wir starke Familien haben wollen, die aus einer klugen Partnerwahl entstehen, müssen wir unsere Gedanken über den Zusammenhang zwischen Liebe und Sex gründlich korrigieren. Wenn wir weiterhin Unverheirateten erzählen, sexueller Verkehr sei für ihre Beziehung gesund, werden sie auch weiterhin aus den falschen Gründen heiraten. Haben sie diesen fundamentalen Fehler erst einmal begangen, so kann ihre Ehe – und schließlich ihre Familie – in einen einzigen Kampf geraten, in dem es keine Gewinner gibt. Schließlich ist jeder ein Verlierer, wenn eine Ehe auseinanderbricht – die verletzten Ehepartner, die zu Opfern gewordenen Kinder, die weitere Familie und sogar die Freunde.

Während ich dies schreibe, berichtet die Zeitschrift *People* in einer Titelstory über die Hochzeit zweier Prominenter, John Tesh und Connie Sellecca. Sie waren ein Jahr befreundet und hatten sich auf Grund ihrer Überzeugungen und Wertvorstellungen für die Enthaltsamkeit vor der Ehe entschieden. Dieser Entschluß kommt dem Verfasser des Artikels so unerhört und schockierend vor, daß er die „voreheliche Enthaltsamkeit“ zum Hauptthema seines Berichts gemacht hat.

Ich würde mir wünschen, daß wir auf breiter Basis eine Rückkehr zu dieser Wertvorstellung erleben. Der freizügige sexuelle Umgang miteinander hat der innersten Zelle unseres gesellschaftlichen Lebens schrecklichen Schaden zugefügt. Zu lange ist dadurch die Aufgabe der Partnerwahl schwer behindert worden, und der Schmerz, den wir auf Grund mißlungener Partnerwahlen erleiden müssen, geht tief. Als ganze Gesellschaft müßten wir von neuem die sexuelle Gemeinschaft als Ausdruck einer lebenslangen ehelichen Hingabe verstehen.

Prinzipien für den Ausdruck leidenschaftlicher Liebe

Eines der reifsten Paare, die je zu Ehevorbereitungsgesprächen zu mir kamen, lernte ich im letzten Jahr kennen. Sandy arbeitete das erste Jahr als Lehrerin, während Peter sein letztes Semester auf dem College absolvierte. Sie hatten sich viereinhalb Jahre zuvor kennengelernt und waren zu dem Zeitpunkt, als sie in meine Sprechstunde kamen, seit drei Jahren fest miteinander befreundet. Sie hatten mit zwei oder drei schwierigen Problemen zu tun, und ihre langfristige Zukunft als Paar war sehr in Frage gestellt.

Peter und Sandy paßten gut zusammen und hatten eine solide Beziehung. Körperlich fühlten sie sich zueinander hingezogen. Das war auch einer der Gründe, warum sie zu mir kamen. Diese Anziehungskraft wurde immer stärker, und sie wußten, daß dadurch ihre Entscheidung, ob sie heiraten sollten oder nicht, beeinflußt wurde.

Dazu trat erschwerend, daß sie aus sehr unterschiedlichem Hintergrund kamen. Peter stammte aus einem Elternhaus, in dem traditionelle Wertvorstellungen in bezug auf Sex mit ungewöhnlicher Deutlichkeit und Gründlichkeit vermittelt wurden. Peters Eltern hatten mit ihm und seinem älteren Bruder vielfach über Sexualität gesprochen – hatten erklärt, diskutiert, Fragen beantwortet und Wertmaßstäbe weitergegeben. Aus all dem war für Peter der Wunsch erwachsen, mit dem Geschlechtsverkehr bis zur Ehe zu warten. Dieser Wunsch war stark in seinem christlichen Glauben verwurzelt, aber er leuchtete ihm auch aus psychologischer Sicht ein. Er wußte, wie sehr es seine Sicht der Dinge verzerren würde, wenn eine körperliche Bindung seinen Gefühlen und seinem Verstand vorauseilte.

Sandy war ganz anders aufgewachsen. Ihre Eltern ließen sich scheiden, als sie noch sehr klein war. Ihren Vater kannte sie kaum, und ihre Mutter hatte nie über Sexualität gesprochen. Was noch schlimmer war: Wenn Sandys Mutter mit Männern ausging, flirtete sie gern und spielte mit den sexuellen Spannungen. Schon als Kind hatte Sandy das Verhalten ihrer Mutter nicht richtig gefunden. Es war offensichtlich, daß Sandy nicht so eine gründliche moralische Erziehung genossen hatte wie Peter. Doch auf der High School ging sie zu „Young Life", einer Art Club für Schüler. Hier konnte sie sich über Sexualität informieren und hatte zahlreiche Möglichkeiten, sich mit Gleichaltrigen und Erwachsenen darüber zu unterhalten.

Nun, Jahre später, kämpften Peter und Sandy darum, ihr sexuelles Verlangen unter Kontrolle zu halten. Sie wußten, daß ihre Entscheidung über die Ehe beeinträchtigt würde, wenn sie zu weit gingen. Sie empfanden füreinander starke Gefühle, aber am wichtigsten war ihnen, eine kluge Entscheidung über ihre gemeinsame Zukunft zu treffen. Als sie mich um Hilfe baten, waren sie verwirrt und mühten sich mit diesem Problem ab.

Hier sind die fünf Punkte, an denen ich mit Peter und Sandy arbeitete, und ich glaube, diese Prinzipien gelten für jeden:

1. Leidenschaftliche Liebe zwischen zwei Menschen ist eine entscheidende Voraussetzung für eine lange und befriedigende Beziehung. Manche Psychologen, Lebensberater und Autoren schätzen die Wichtigkeit romantischer Gefühle und körperlicher Anziehung gering. Ich nehme an, sie tun das aus Sorge um die Gefahren, die dadurch entstehen, daß man sich zu sehr auf die Emotionen stützt, und aus Sorge um die Probleme, die sich aus Entscheidungen ergeben, die man in der Hitze des Augenblicks getroffen hat. Es ist richtig, daß Emotionen in die Irre führen können und daß die körperliche Anziehung nur ein Aspekt beim Prozeß der Partnerwahl ist. Dennoch stehe ich auf dem Standpunkt, daß leidenschaftliche Liebe für eine dauerhafte Beziehung absolut *lebenswichtig* ist.

2. Leidenschaftliche Liebe enthält immer eine starke körperliche Anziehung. Wenn ein Paar echte Liebe zueinander erlebt, dann werden die beiden sich umarmen und küssen und ihre Liebe sexuell ausdrücken wollen. Dieses Verlan-

gen folgt unmittelbar und natürlich aus ihrer Liebe zueinander. Es ist ein grundlegender Teil der biologischen und psychischen Beschaffenheit aller Menschen. Ja, wenn Sie nicht den Eindruck haben, daß Ihr Partner ein starkes körperliches Verlangen hat, Ihnen nahe zu sein, dann kann das darauf hinweisen, daß etwas nicht stimmt. Ein Mangel an Zuneigung oder Verlangen nach körperlicher Nähe sollte bei Ihnen eine rote Flagge hochgehen lassen.

3. Bei der körperlichen Beziehung ist äußerste Behutsamkeit am Platze. Man muß sich über klar definierte Grenzen einig werden, und um sich an diese Grenzen zu halten, ist Selbstdisziplin notwendig. Andernfalls kann das Sexuelle in der Beziehung das Ruder übernehmen und das Paar für die Wirklichkeit blind machen. Ich habe Dutzende von Paaren kennengelernt, denen es nicht gelang, ihre emotionale Entwicklung und Bindung mit ihrer körperlichen Bindung Schritt halten zu lassen. Von einem Paar nach dem anderen bekomme ich zu hören, daß sie sich zur Heirat entschlossen hatten, weil sie sich körperlich bereits aneinander gebunden hatten. Manche meinten sogar, durch ihre sexuelle Bindung sei die Entscheidung zur Ehe „von vornherein klar“ gewesen. Alles weitere Nachdenken über ihre Beziehung wurde überdeckt, weil ihre Leidenschaft außer Kontrolle geraten war.

Natürlich kommt es hier auf die richtige Balance an. Niemand muß seine Gefühle ersticken und vollkommen hinter sich lassen. Ich hatte schon Ehepaare in der Therapie, denen es nicht gelungen war, die leidenschaftliche Liebe zueinander wiederzufinden, die sie in der Zeit ihrer Freundschaft verleugnet und verdrängt hatten. Weit besser ist es, daran zu arbeiten, das Verhalten durch sorgfältig gesetzte Grenzen in den Griff zu bekommen.

4. Jeder Schritt nach vorn auf diesem Gebiet hebt die körperliche Beziehung auf eine neue Ebene, und es ist äußerst schwierig, sich von einer einmal erreichten Ebene wieder zurückzuziehen. Jede neue Ebene der körperlichen Beziehung bringt so unmittelbaren Lustgewinn mit sich, daß es

fast unmöglich ist, sich danach noch mit niedrigeren Ebenen zufriedenzugeben. Darum muß jeder neue Schritt in dieser Richtung von beiden Partnern sorgfältig bedacht werden. Für viele mag das sehr streng klingen, weil es dem populären Denken in unserer Gesellschaft so sehr zuwiderläuft. Aber wenn man dem sexuellen Ausdruck vollkommene Freiheit läßt und wenn Spontaneität als oberste Tugend aufgefaßt wird, dann entwickelt die Sexualität ein „Eigenleben“ ohne Rücksicht auf die langfristigen Konsequenzen. Ich kann gar nicht genug betonen, wieviel Schaden dieser „freie und spontane“ sexuelle Ausdruck für den Prozeß der Partnerwahl anrichtet.

5. Wenn die körperliche Beziehung nicht unter Kontrolle gehalten wird, werden die emotionalen, verstandesmäßigen und geistlichen Aspekte der Freundschaft zu Sklaven dieses Verlangens. Lassen Sie es mich noch einmal sagen: Körperliche Anziehung ist wichtig, aber sie muß sich im Gleichklang mit den anderen Aspekten der Beziehung entwickeln.

Liebe ist also ein höchst komplizierter Prozeß, über den wir noch viel zuwenig wissen. Was wir wissen, ist, daß es ohne sie keine glückliche Ehe gibt. Für zwei Menschen aber, die durch diese Liebe miteinander verbunden sind, ist ihre Beziehung ein äußerst wichtiger Teil ihres Lebens. Die Liebe versorgt ihre Partnerschaft mit Energie.

Leider bedeutet leidenschaftliche Liebe zwischen zwei Menschen noch nicht, daß ihr gemeinsames Leben erfüllend und harmonisch sein wird. Die Entscheidung für die Ehe beinhaltet noch viele andere Überlegungen. Um eine gute Entscheidung zu treffen, müssen zwei Menschen oft gleichzeitig ihre Liebe zueinander genießen und dagegen ankämpfen, ihr Bemühen um eine solide Entscheidung nicht zu sehr davon beherrschen zu lassen.

Das ist wohl einer der schwierigsten Aspekte im Prozeß der Partnerwahl. Eine Frau und ein Mann müssen leidenschaftliche Liebe zueinander erleben und genießen, aber sie müssen auch bei einer der wichtigsten Entscheidungen, die sie je treffen werden, ihre Objektivität bewahren. Das ist eine Herkulesaufgabe, die zugleich tief befriedigend und höchst fordernd sein kann. Liebe wird im Herzen erfahren, aber die Entscheidung über die Ehe wird sorgfältig geschützt, bis zu dem Moment, in dem man öffentlich eine dauerhafte Bindung eingeht. Wenn dieses beides geschehen ist, kann die Liebe in einer Ehe aufblühen, die ein Leben lang hält.

Sechstes Prinzip: Lassen Sie gemeinschaftliche Liebe reifen, bevor Sie sich zur Ehe entschliessen

Susan Jordan war noch nie jemandem wie Daniel begegnet, und sie war ganz gewiß noch nie mit jemandem wie ihm *befreundet* gewesen. Er war einfühlsam und fürsorglich, humorvoll und spontan, verantwortungsbewußt und fleißig. Susan fühlte sich körperlich sehr zu ihm hingezogen, und alle Leute, die ihr nahestanden, waren ungemein beeindruckt von ihm. Was ebenso wichtig war – er fand sie wunderbar!

Während der ersten beiden Monate ihrer Beziehung hatte er sie mehrmals täglich angerufen, und er wollte sie sehen, wann immer ihre Terminkalender das zuließen. Er ging mit ihr aus, kaufte ihr Geschenke und sagte all die richtigen Dinge.

Alles war großartig – fast. Susan spürte eine nagende Furcht, die im Lauf der Wochen immer schlimmer wurde. Sie wußte, daß Daniel zwei andere Beziehungen abgebrochen hatte, als die erste Begeisterung zu verflachen begann. Offenbar dachte er, es sei keine richtige Liebe vorhanden, wenn die Leidenschaft und das Hochgefühl des ersten Verliebtseins verblaßten.

Susan wußte, daß Daniels frühere Freundinnen verwirrt und am Boden zerstört gewesen waren, als er die Beziehung zu ihnen ohne Vorwarnung oder logische Erklärung beendet hatte. Sie wollte nicht, daß ihr das gleiche passierte. Aber sie spürte, daß Daniel rastlos wurde, und sie wollte dieses Muster unbedingt durchbrechen.

Ich arbeitete mit Susan an dem Problempunkt, von der „leidenschaftlichen Liebe“ zu dem überzugehen, was manchmal „gemeinschaftliche Liebe“ genannt wird. Professor Bernard Murstein beschreibt diese Art der Liebe so: „Gemeinschaftliche Liebe ... läßt sich definieren als eine starke Bindung, die zärtliche Zuneigung, Freude an der Gemeinschaft miteinander und Freundschaft einschließt. Sie ist nicht von wilder Leidenschaft und ständiger Begeisterung geprägt, obwohl auch diese Gefühle von Zeit zu Zeit auftauchen können. Der Hauptunterschied zwischen leidenschaftlicher und gemeinschaftlicher Liebe ist, daß die erstere durch Mangel, Frustration, ein hohes Maß an Erregung und durch Abwesenheit gedeiht. Die letztere gedeiht durch Kontakt und erfordert Zeit, um sich zu entwickeln und zu reifen.“[1]

Die gemeinschaftliche Liebe ist der Stoff, aus dem langlebige, verbindliche Beziehungen gemacht sind. Sie ist viel tiefer als die feurigen, heißblütigen Emotionen, die das erste Verliebtsein prägen. Zur gemeinschaftlichen Liebe gehören Kommunikation, Verbindlichkeit, Fürsorglichkeit, Zuneigung und gegenseitige Unterstützung. Sie schenkt gemeinsame Erlebnisse und Zeiten der Gemeinschaft ohne Hast, die seltener mit körperlicher Erregung und hochfliegenden Emotionen geladen sind.

Der Übergang von der Leidenschaft zur zärtlichen Bindung ist absolut entscheidend, aber er findet nicht immer statt. Ich bin sogar überzeugt davon, daß sich in fünfundsiebzig Prozent aller Fälle nie gemeinschaftliche Liebe entwickeln kann, selbst wenn am Anfang eine verheißungsvolle leidenschaftliche Liebe steht. Darum sollte ein Paar niemals eine Entscheidung über die Dauerhaftigkeit seiner Beziehung fällen, bevor es dieser widerstandsfähigeren, langlebigen Liebe die Chance gegeben hat zu wachsen.

Bei Daniel und Susan behielt die verblassende Leidenschaft nicht das letzte Wort. Da Susan Daniels Verhaltensmuster so brillant erkannte, kam sie rechtzeitig zu mir. Eigentlich brachte Susan *Daniel* rechtzeitig zu mir. Wir arbeiteten drei Monate lang an seiner falschen Einschätzung der Wirklichkeit. Er erkannte, daß keine ständige Leidenschaft notwendig ist, damit Liebe Bestand hat. Das gab ihm die Freiheit, nach gemeinschaftlicher Liebe zu streben. Er und Susan bauten eine dauerhafte Beziehung mit einem Gerüst aus stahlverstärkter gemeinschaftlicher Liebe auf.

Warum die meisten Beziehungen nicht überleben, wenn die Leidenschaft verblaßt

Wenn leidenschaftliche Gefühle vorhanden sind, denken Liebende, ihre Beziehung müsse für immer halten. „Ich fühle mich so wunderbar", sagen sie sich vielleicht. „Das ist es! Das ist die Liebe, nach der ich gesucht habe!" Aber irgendwann geht das Fieber unweigerlich zurück, und ein Same des Zweifels wird ausgesät. Was dann? Wenn es dem Paar gelingt, gemeinschaftliche Liebe zu entwickeln, dann hat es eine gute Chance, zusammenzubleiben. Meine Erfahrung zeigt jedoch, daß sehr häufig einer oder beide sich von der Beziehung abwenden, wenn die Leidenschaft verblaßt. Es gibt vier Hauptgründe dafür, daß die meisten Beziehungen nie über das Stadium der Leidenschaft oder Schwärmerei hinauskommen.

1. Manche Leute sind süchtig nach der großen Begeisterung, die in der frühen, leidenschaftlichen Phase herrscht. Können Sie sich einen durch Drogen veränderten Bewußtseinszustand vorstellen, der intensiver wäre als der, den Hobbes im letzten Kapitel seinem Freund Calvin schilderte? Wenn „dein Herz in den Bauch hinabfällt und deine Eingeweide zerschmettert" und wenn „die Kondensation zu Kurzschlüssen im Gehirn führt und du ganz schwindelig wirst", dann gibt es nicht viel, was sich mit dieser Erfahrung messen kann. Wie ein Drogensüchtiger, der ständig auf der Suche nach seinem nächsten Schuß ist, sind manche Leute von überladenen Gefühlen abhängig. Also gehen sie eine Beziehung nach der anderen ein und baden im Reiz der

hochfliegenden Gefühle – solange sie andauern. Andere heiraten und stellen dann fest, daß die Leidenschaft nachläßt und manchmal sogar für lange Zeit ganz verschwindet. Dann suchen sie sich ihren „Schuß“ durch außereheliche Affären, durch Pornographie oder auf andere Weise. Tatsache ist, daß diese Leute nach Leidenschaft *süchtig* sind und Hilfe brauchen, um von dieser Abhängigkeit frei zu werden.

2. Manche Menschen wollen ganz einfach nicht zum nächsten Stadium voranschreiten. Sie wissen, daß es von der gemeinschaftlichen Liebe nur noch ein Schritt bis zur Ehe ist, und vor dieser Verbindlichkeit haben sie eine Riesenangst. Für diese Angst gibt es viele Gründe, von denen manche verständlich sind und andere auf tiefere Probleme hinweisen. Viele dieser Leute wissen, was alles erforderlich ist, damit eine Ehe gelingt, und sie fühlen sich einfach noch nicht bereit dazu. Manche mußten erleben, wie ihre Eltern sich scheiden ließen, und haben Angst davor, so eine schmerzliche Erfahrung zu wiederholen. Ein paar fürchten sich vor der Verantwortung, die die Reife mit sich bringt. Was immer auch dahintersteckt, sie ziehen die Notbremse in dem Augenblick, in dem die Leidenschaft in etwas viel Tieferes übergehen könnte, und sie weigern sich, die Beziehung weiter wachsen zu lassen.

3. Manche Leute wissen einfach nicht, wie sie ins nächste Stadium gelangen können. Sie haben diesen Schritt noch nie zuvor getan, und die Aufgabe überfordert sie. Schließlich müssen sie dazu sich selbst und einen anderen Menschen auf einer sehr tiefen Ebene kennenlernen und mit all den Verwicklungen fertig werden, die das unweigerlich mit sich bringt. Wie man eine Freundschaft gestaltet, beherrschen sie ganz und gar – wo man hingeht, wie man Smalltalk macht, wann man das nächste Mal anruft. Aber sie haben keine Übung darin, ihr Inneres zu erforschen, sich selbst zu offenbaren und aufmerksam zuzuhören. Jemand muß ihnen helfen zu lernen, wie sie ihr eigenes Leben mit dem eines anderen Menschen verschmelzen können.

4. Manchmal entwickelt sich leidenschaftliche Liebe deshalb nicht zu einer tieferen Liebe, weil einer oder beide erkennen, daß mit ihrer Beziehung etwas nicht stimmt. Sie ist einfach nicht widerstandsfähig genug, um mit den unausbleiblichen Problemen des Ehelebens fertig zu werden. Und wenn das geschieht, dann hat die Freundschaft einen Zweck erfüllt. Das endgültige Urteil lautet: „Heiratet nicht.“ Auch wenn so etwas Gefühle der Trauer mit sich bringt – denken Sie nur daran, was die Alternative wäre! Jemand sagte einmal, die besten Scheidungen sind die, die vollzogen werden, bevor zwei Leute verheiratet sind.

Dieser letzte Grund, warum sich eine leidenschaftliche Liebe nicht zu einer gemeinschaftlichen Liebe weiterentwickelt, ist also einfach der, daß zwei Leute nicht zueinander passen. Sie gehören nicht zusammen, und wenn sie es zu erzwingen versuchen, dann wird es zu ihrem eigenen Schaden sein. Vielleicht fragen Sie sich, warum dann überhaupt ihre leidenschaftliche Liebe so gut funktioniert hat, wieso sie dann so füreinander „entbrannt“ sind. Meine Theorie ist, daß die leidenschaftliche Liebe zu einem relativ einfachen Teil unseres Wesens gehört – dem biologischen Teil, der für zahllose Faktoren einer Beziehung blind ist. Zur gemeinschaftlichen Liebe gehören die tieferen und persönlicheren Aspekte. Es ist überhaupt nichts Ungewöhnliches, wenn zwei Menschen nach dem Abklingen ihres Verliebtseins und ihrer Leidenschaft feststellen, daß ihre Beziehung nicht genug Tiefe hat, um von dauerndem Bestand zu sein. An dieser Stelle ist es das einzig Vernünftige, sich zu trennen. Das tut zwar weh, aber es ist eine wichtige Entdeckung. Danken Sie Gott, wenn Sie diese Entdeckung vor der Ehe machen.

Manche Paare bleiben zusammen, aber entwickeln sich nicht weiter

Manchmal ist es für einen oder beide Partner besonders schmerzlich, wenn sie erkennen, daß sie nicht „füreinander bestimmt“ sind. Und so betreiben sie eine Verschwörung, um die Wahrheit zu verdecken. Ich habe Paare kennengelernt, die immer noch zusammen gingen, obwohl sie innerlich schon lange erkannt hatten, daß ihre Beziehung nie von Bestand sein würde. Niemand tut gerne anderen weh, und so setzen manche Leute ein Schauspiel fort, anstatt sich der Wahrheit zu stellen. Weil sie nun einmal miteinander befreundet sind, humpeln sie gemeinsam weiter – wie oberflächlich ihre Freundschaft auch sein mag. Eine Trennung würde bedeuten, abrupt in die Welt der einsamen Wochenenden zurückgestoßen zu werden und fürchten zu müssen, daß der oder die „Richtige“ vielleicht *niemals* kommt.

In dieser Situation ist die Entscheidung zur Trennung bereits gefallen, aber es verlangt den beiden Partnern emotional zuviel ab, sich das einzugestehen. Wahrscheinlich ist nichts Schlimmes dabei, wenn die beiden eine Weile zusammenbleiben, um mit den Ängsten, Enttäuschungen und Schmerzen einer Trennung besser fertig zu werden. Schädlich aber wird es, wenn sie an diesem Punkt steckenbleiben und sich als Gefangene fühlen, weil sie nicht ehrlich zueinander waren.

Connie und Jim saßen in dieser Falle fest. Beide waren schon einmal verheiratet gewesen; Jim fünfzehn Jahre lang – er hatte vier Kinder – und Connie zwei Jahre, aber ohne Kinder. Connie verkaufte Anzeigen für eine große Zeitschrift und war bemerkenswert erfolgreich. Sie verdiente mehr als doppelt soviel wie Jim. Er arbeitete als Leiter der Sportartikelabteilung in einem großen Kaufhaus in der Innenstadt. Connie hatte einen Magisterabschluß; Jim hatte nur ein paar Kurse im College belegt. Aber ihre wirklichen Gegensätze waren zentral. Connie hatte an ihrem Innenleben hart gearbeitet; sie kannte sich selbst sehr gut. Jim hatte kein Interesse „an diesem ganzen emotionalen Zeug“. Er hörte bereitwillig zu, wenn Connie von ihren tiefsten Gefühlen und Gedanken sprach, aber er selbst hatte nichts dergleichen mitzuteilen. Er war geistlich und emotional erstarrt, und Connie fühlte sich frustriert und allein, wenn sie versuchte, unter seine Oberfläche zu dringen.

Nachdem Connie bereits zu dem Schluß gekommen war, daß es für sie keine gemeinsame Zukunft geben würde, blieben die beiden jedoch noch monatelang befreundet. Warum setzte Connie eine Beziehung fort, von der sie wußte, daß sie nirgendwohin führen würde? Als ich ihr diese Frage stellte, nannte sie drei Gründe: Erstens fühlten sich die beiden sehr zueinander hingezogen. Die „Chemie“ in ihrer Beziehung war immer stark gewesen, und die leidenschaftlichen Emotionen waren so erhebend, daß Connie sie nicht aufgeben wollte. Zweitens hatte Connie entsetzlich unter Einsamkeit gelitten, bevor Jim in ihr Leben trat. Ohne Jim, so fürchtete sie, würden ihre Wochenenden wieder ebenso leer sein wie in der Vergangenheit. Drittens hatte Connie Angst davor, Jim die schlechte Nachricht zu überbringen. Sie hatte ihn nie in die Irre geführt, indem sie über eine gemeinsame Zukunft geredet hatte, und mehrmals hatte sie sogar über ihre Frustrationen gesprochen. Aber der Gedanke, ihm zu sagen, es sei Schluß, war zuviel für Connie. Also schleppte sich ihre Beziehung weiter dahin. Die leidenschaftliche Liebe entwickelte sich nie zur gemeinschaftlichen Liebe, und die Beziehung starb einen langen, langsamen Tod.

Es gibt zahllose Gründe dafür, warum Menschen eine Beziehung fortsetzen, die in eine Sackgasse geraten ist. Meistens haben diese Gründe mit Angst zu tun: Angst, man könnte niemanden anderes finden – oder zumindest niemanden, der gleichwertig oder besser wäre; Angst davor, sich von einer Beziehung abzuwenden, die vielleicht doch noch funktionieren könnte, wenn man sich nur mehr Mühe gäbe; oder Angst, dem anderen einen nicht zu heilenden Schaden zuzufügen – einen Schaden, den man dann sein

Leben lang bereuen müßte. All diese Angst läßt die Situation einfrieren. Die Partner sind nicht glücklich und auch nicht sonderlich hoffnungsvoll. Doch ihnen fehlt der Mut, Schluß zu machen.

Manche Leute heiraten dann schließlich einen Menschen, bei dem sie große Bedenken haben. Doch es sind schon zu viele Ehen gescheitert, in denen die Phantasie über die Tatsachen gestellt worden war. Die Leute wünschen sich, daß die Beziehung funktionieren möge, und dann übernimmt ihre Einbildungskraft die Regie. Sie hängen ihren Hoffnungen und Wünschen nach und bleiben viel zu lange in der Beziehung stecken. Manchmal so lange, daß sie sich schämen zu gehen. Schließlich binden sie sich wider besseres Wissen an eine Person, für die sie nur eine oberflächliche und unzulängliche Liebe empfinden.

Ich rate solchen Menschen dringend, sich professionell beraten zu lassen, *bevor* sie heiraten – ihren Mut zusammenzunehmen und sich den Tatsachen zu stellen. Sobald sie einmal verheiratet sind, bleibt ihnen keine Wahl mehr. Dann kann das Ziel nur noch sein, die Ehe zum Funktionieren zu bringen. Wie auch immer die Bedenken vorher waren – mit der Eheschließung ist die Zeit des Überlegens vorbei, und die Bindung besteht.

Wie sieht gemeinschaftliche Liebe aus?

Ich habe mich mit Dutzenden von Paaren unterhalten – sowohl verheirateten als auch unverheirateten –, und ich glaube, ich weiß, wie gemeinschaftliche Liebe aussieht. Ich habe sie in ihrer frühesten Form gesehen, wenn sie zwischen zwei Menschen gerade aufblühte. Ich habe beobachtet, wie sie sich während der aufregenden mittleren Phase in Beziehungen entfaltete. Und ich habe sie auf ihrem Gipfel studiert und bewundert. Lassen Sie mich Ihnen kurz sieben Beobachtungen über die gemeinschaftliche Liebe weitergegeben.

▷ *Dauerhafte Liebe beinhaltet eine selbstlose Hingabe an das Glück des anderen.* Harry Stack Sullivan war ein brillanter Psychiater, dessen Schriften zur Zeit meines Studiums sehr einflußreich waren. Er sagte einmal: „Liebe beginnt, wenn ein Mensch die Bedürfnisse eines anderen Menschen ebenso wichtig findet wie seine eigenen." Wenn Sie zu spüren beginnen, daß der Mensch, den Sie lieben, mehr und mehr auf Ihr „wahres Ich" eingeht und versucht, Ihnen zur Befriedigung Ihrer tiefsten Bedürfnisse zu helfen, dann stehen Sie an der Schwelle zu einer reichen und erfüllenden Erfahrung. Und wenn Sie merken, daß die Bedürfnisse und Wünsche Ihres geliebten Menschen Ihnen ebenso wichtig sind wie Ihre eigenen, dann ist wahre Liebe im Entstehen. Wenn Sie diese Entwicklung wahrnehmen, dann werden Sie die Liebe erleben, die das Fundament einer langlebigen Beziehung sein kann.

▷ *Gemeinschaftliche Liebe treibt Sie dazu, Freude an den Dingen zu haben, an denen Ihr Partner Freude hat.* Ich gebe Ihnen dazu ein Beispiel aus meiner eigenen Ehe. Ich liebe Baseball. Ich bin ein unermüdlicher Fan der Chicago Cubs, und das schon mein ganzes Leben lang. Wenn Sie ein Cubs-Fan sind, dann müssen Sie auch unermüdlich sein – das letzte Mal, daß sie die World Series gewonnen haben, war 1908. Wenn Sie mit einem Cubs-Fan verheiratet wären, könnten Sie auf verschiedenerlei Weise auf seine Leidenschaft reagieren, besonders wenn Sie mit den täglichen Fernsehübertragungen der Spiele leben müßten. Meine Frau muß schon vor langer Zeit zu dem Schluß gekommen sein, daß meine Liebe zu den Cubs niemals nachlassen würde, wie sehr die Cubs selbst sich auch bemühen mochten, sie abzuweisen. Und so wurde Marylyn aus Liebe zu mir selbst zu einem heimlichen Cubs-Fan. Sie würde fast alles darum geben, wenn die Cubs die World Series oder den Nationalligapokal gewinnen würden – oder auch nur mal ein gutes Spiel liefern würden. Sie möchte, daß ich glücklich bin, also hält sie im stillen zu den Cubs. Man könnte sogar sagen, daß sie die Cubs „liebt", aber ich bin schlau genug, um zu wissen, daß sie in Wirklichkeit mich liebt. Die Cubs sind für sie nur deshalb liebenswert, weil ich ihr so wichtig bin.

Ich habe mich früher immer darüber gewundert, warum manche Paare so viele und andere nur so wenige gemeinsame Interessen zu haben scheinen. Mit der Zeit habe ich jedoch herausgefunden, daß nur sehr wenige diese Interessen *von Natur aus* gemeinsam haben. Sie entwickeln vielmehr gemeinsame Interessen. Sie lieben einander so sehr, daß sie anfangen, an den Dingen Freude zu haben, an denen ihr Partner Freude hat.

▷ *Menschen, die sich lieben, haben ein tiefes Verständnis für die Notwendigkeit, drei verschiedene Räume in ihrer Beziehung zu schaffen – einen für ihn, einen für sie und einen für beide zusammen.* Das scheint vielleicht meinem letzten Punkt zu widersprechen, aber in Wirklichkeit tut es das nicht. Gemeinsame Interessen sind wichtig, aber individuelle Interessen sind ebenso wichtig. Ich habe eine Schwester und einen Schwager, die dieses Geheimnis der Liebe gemeistert haben. Sie unternehmen zwar eine Menge gemeinsam, aber jeder hat auch Zeit für sich. Ferne ist Sängerin und seit langem Mitglied der „Sweet Adelines", einer internationalen Gesangsgruppe. Sie reist durch das ganze Land, um zu singen, bei Wettbewerben in der Jury zu sitzen und sich mit ihren vielen Freunden zu treffen. Ihr Mann Dick, ein Psychologe – der als erster mein Interesse auf dieses Gebiet lenkte –, hat Ferne bei ihren Gesangsaktivitäten immer unterstützt, aber er selbst ist ein leidenschaftlicher Angler. Oft zieht er mit einer Gruppe von Freunden eine Woche lang los, um zu angeln. Ihre verschiedenen Hobbys bieten den beiden Gelegenheiten, Erfahrungen zu sammeln und sich zu erholen. Wenn sie dann wieder zusammenkommen, haben sie einander mehr zu geben.

▷ *Menschen, die einander auf eine reife und dauerhafte Weise lieben, wissen, wie wichtig es ist, mit sich selbst im Reinen zu sein – und sie wissen, daß man dazu gewöhnlich Zeiten der Stille und Einsamkeit braucht.* Wenn wir unser inneres Denken und Fühlen entwickeln wollen, ist es notwendig, all die Störgeräusche auszuschalten, die so sehr zu unserem täglichen Leben gehören – Geräusche, die wir manchmal selbst für unseren Partner verursachen, wenn wir nicht aufpassen. In gewissem Sinn sind beide Partner in einer Ehe voneinander abhängig, wenn es darum geht, die Stille zu finden, die notwendig ist, um zu den Wurzeln unseres Lebens zu gelangen. Der Dichter Rainer Maria Rilke sagte: „Eine gute Ehe ist jene, in der jeder den anderen zum Hüter seiner Einsamkeit einsetzt. Hat man einmal die Erkenntnis akzeptiert, daß selbst zwischen den einander nächsten menschlichen Wesen unendliche Abstände fortbestehen, so kann ein wunderbares Leben Seite an Seite wachsen – sofern es ihnen gelingt, den Abstand zwischen sich zu lieben, der es einem jeden möglich macht, den anderen ganz vor einem weiten Himmel zu sehen."

▷ *Echte Liebe gibt Ihnen die Freiheit, Ihrem Partner Ihr wahres Ich mitzuteilen.* Zwei Menschen, die sich begeistert ihre jeweiligen Entdeckungen über sich selbst mitteilen, können kaum anders, als einander zu lieben. Denn erst, wenn wir diese tiefsten und zentralsten Teile unseres Wesens zeigen, lassen wir es zu, daß ein anderer Mensch uns wirklich kennt. Und je mehr wir erkannt sind, desto mehr können wir geliebt werden. Wenn der andere nur unsere Oberfläche kennt, kann er auch nur unsere Oberfläche lieben.

▷ *Gemeinschaftliche Liebe erfordert Vertrauen – und Vertrauen erfordert Vertrauenswürdigkeit.* Wir binden uns nicht an Menschen, denen wir nicht vertrauen können – genausowenig, wie wir mit einem morschen Seil einen Berg besteigen würden. Ich bin überzeugt, daß zur Vertrauenswürdigkeit mehrere Aspekte gehören. Erstens müssen wir das Vertrauen haben, daß unser Partner echtes Interesse an uns hat – an unserer Sicherheit, unserem Wachstum und unserem Erfolg. Zweitens müssen wir das Vertrauen haben, daß unser Partner seine Versprechen halten und keine Kompromisse machen wird, die der Beziehung schaden würden. Und drittens ist bedingungslose Liebe notwendig, um vertrauenswürdig zu werden. Ein solches Vertrauen macht eine reiche und echte Liebe möglich, die den Jahren standhalten wird.

▷ *Menschen, die einander lieben, haben gemeinsame Träume. Sie schmieden Pläne, um ihre Träume zu verwirklichen.* Mit anderen Worten: Paare, die miteinander große Träume träumen, lieben einander oft am meisten. Und wenn sie gemeinsam Pläne aufstellen, um ihre Träume zu verwirklichen, dann sind sie am glücklichsten. Oft frage ich Paare, die heiraten wollen: „Wo wollen Sie beide in zehn oder zwanzig Jahren sein?" Wenn sie dann anfangen zu sprechen, merke ich sofort, ob sie sich schon einmal über die Zukunft unterhalten haben oder nicht. Wenn sie sowohl Träume als auch Pläne zu ihrer Verwirklichung haben, dann habe ich die starke Hoffnung, daß sie ihre Ehe meistern werden.

Wie kann ein Paar gemeinschaftliche Liebe entwickeln?

Die meisten Paare kennen die Erfahrung der leidenschaftlichen Liebe sehr gut. Sie kommt von Natur aus und erfordert keine Anstrengung – es passiert einfach. Doch mit der gemeinschaftlichen Liebe ist es meist anders. Sie erfordert Arbeit. Wenn ein Paar die leidenschaftliche Liebe erlebt hat, wie kann es dann diese tiefere und reichere Liebe entwickeln?

Manche Leute scheinen so etwas wie besondere Fähigkeiten zu haben, wenn es darum geht, Liebe in ihre Beziehungen hineinzubringen. Sie scheinen in der Lage zu sein, nicht nur Liebesbeziehungen, sondern auch Freundschaften und Bekanntschaften zu bereichern.

Am besten erkläre ich die Merkmale dieser tiefen Liebe, indem ich eine Meisterin auf diesem Gebiet beschreibe. Marnie Frederickson war mehrere Jahre lang meine Verwaltungsassistentin, als ich Dekan meines Fachbereichs an der Universität war. Bei ihrer Pensionierung erkannten alle ihre Mitarbeiter, daß mit ihr eine große Gestalt, wie wir sie vielleicht nie wieder erleben würden, unter uns gewesen war. Ich möchte Ihnen weitergeben, was mir an ihren Geheimnissen des Liebens aufgefallen ist – sowohl in bezug auf ihren Mann Vern als auch in bezug auf jeden anderen Menschen, der in ihre Nähe kam.

Erstens hatte Marnie die Fähigkeit, Ihnen das Gefühl zu geben, Sie seien das, was am meisten zählte; nicht die Dutzende anderer Leute, die Auskünfte von ihr haben wollten, nicht die Stapel von Papieren, die sie bearbeiten mußte – nur Sie. Und das war echt, nicht aufgesetzt. Sie schenkte dem Menschen, mit dem sie es im Augenblick zu tun hatte, ihre vollständige Aufmerksamkeit.

Marnie konnte so sorgfältig zuhören, daß man den Eindruck hatte, sie wisse genau, was man fühlte, dachte und zu sagen versuchte. Manchmal war mir, als verstünde sie besser als ich selbst, was ich ausdrücken wollte, und das jagte mir fast Angst ein. Immer, wenn sie mir so gut zuhörte, daß meine Selbstbezogenheit für ihre empfindlichen Ohren deutlich wurde – und erst später für mich selbst –, dann fragte ich mich, ob ihre Liebe zu mir abnehmen würde. Aber das war nie der Fall. Wenn sie beschlossen hatte, jemanden zu lieben, gab es keine Bedingungen. Das ist ein weiteres universelles Prinzip der gemeinschaftlichen Liebe – die Fähigkeit, bedingungslos zu lieben und andere so anzunehmen, wie sie sind.

Mir fiel auch auf, daß Marnie nie versäumte, die Wahrheit zu sagen. Wenn sie meinte, daß man großen Unsinn gemacht hatte, dann ließ sie es einen wissen – aber auf eine Weise, die die Würde unangetastet ließ. Auch wenn sie jemanden auf einen Irrtum hinwies, gab Marnie ihm das Gefühl, daß sie ihn liebte – selbst wenn sie mit seiner Leistung nicht zufrieden war. Nach einiger Zeit wurde mir klar, daß sie die Wahrheit deshalb so direkt und doch sanft sagen konnte, weil sie das Innere der Menschen liebte, nicht ihr Äußeres. Sie hatte die Fähigkeit, durch die äußeren Fehler hindurch auf die inneren Qualitäten zu sehen.

Zu den Dingen, die Marnie tat, um Menschen – allen möglichen Menschen – ihre Liebe zu erweisen, gehörte, daß sie für sie „arbeitete". Wenn man ein Bedürfnis hatte, versuchte sie ganz leise, es zu erfüllen. Sie machte sich Gedanken darüber, wie sie die Leute, die sie liebte, unterstützen konnte. Ich habe beobachtet, wie sie das für Vern und für ihre drei Töchter tat. Sie mußte nicht erst sagen, wie sehr sie diese vier Menschen liebte; sie zeigte es durch die Art, wie sie ihnen diente. Erstaunlicherweise erwies sie allen Studenten und Dozenten unseres Fachbereichs denselben Dienst. Doch wenn ich sie in Anspruch nahm, hatte ich nie das Gefühl, daß sie erschöpft sei. Sie schien es zu genießen, anderen etwas zu geben; sie wußte, wie sie selbst aufleben konnte, wenn sie sich um die Menschen kümmerte, die sie liebte.

Schließlich war Marnie ein Genie auf zwischenmenschlichem Gebiet. Sie konnte mit geradezu unheimlichem Durchblick auf die Bedürfnisse anderer Menschen eingehen. Sie war mit der menschlichen Natur so vertraut, daß sie nahezu jedes Problem, das sich ihr stellte, erkennen und beheben konnte. Sie begann stets mit einem tiefen Respekt vor der Wahrheit. Sofort kam sie auf den Kern des Problems und schaute ihm direkt ins Gesicht. „Was ist hier wirklich das Problem?" war ihr Ansatz. „Und dann", wie Janie Elson, eine Kollegin von Marnie, einmal sagte, „fing das beinahe Unglaubliche an." Marnie konzentrierte sich inmitten klingelnder Telefone und aller möglichen Unterbrechungen auf die Person. Sie hörte sich ihre Geschichte aufmerksam an, erfaßte das entscheidende Bedürfnis, erkannte klar jedes Randproblem, das gelöst werden mußte, sagte genau das Richtige, würzte die Sache mit etwas Humor, entwikkelte eine Strategie, um die Knoten zu entwirren, und zog sich dann, wenn das Problem gelöst war, elegant zurück.

Paare, die heiraten wollen, sollten sich an Marnies Liebe ein Beispiel nehmen. Zur gemeinschaftlichen Liebe gehören zwei Menschen, die sich aufeinander konzentrieren, einander lange und aufmerksam zuhören und sich auf einer tiefen Ebene verstehen können. Sie entdecken die innere Welt des anderen, und sie lernen, aneinander die im wesentlichen unveränderlichen Eigenschaften zu lieben. Sie sehen über Schwächen hinweg und konzentrieren sich auf die Stärken. Schließlich machen sie sich an die Arbeit, um einander zu helfen, Probleme zu lösen und Ziele zu erreichen. Das bedeutet „Liebe". Sie bringt in die Beziehung eine Qualität, die wichtiger ist als jede andere, weil sie reicher und dauerhafter ist. Auf diese Art gemeinschaftlicher Liebe kann eine Ehe gegründet werden.

Wenn Sie eine Beziehung führen wollen, die Tiefe und einen echten Sinn hat, dann ist es entscheidend, daß Sie sich klarmachen, welche Fähigkeiten dazu gehören. Marnie verfügt über enorme Fähigkeiten – *erlernte* Fähigkeiten. Wenn Sie wollen, können Sie von der leidenschaftlichen Liebe zu einer reicheren Liebe übergehen. Aber die meisten von uns können das nicht von Natur aus. Wir müssen daran arbeiten. Wenn es bei Ihnen nicht automatisch klappt, dann sind Sie in bester Gesellschaft. Es gibt viele Leute, die ihr gewöhnliches zwischenmenschliches Geschick zu bemerkenswerten Fähigkeiten ausgebaut haben. Aber das kostete Arbeit! Und wenn Sie bereit sind zu arbeiten, können auch Sie es schaffen.

Wenn sich diese Art der Liebe nicht entwickelt, können Beziehungen nicht lange überleben. Die meisten Ehen scheitern, weil die gemeinschaftliche Liebe fehlt. Ich bin zwar optimistisch, daß jedes Paar lernen kann, sich auf diese Weise zu lieben, aber die Tatsache bleibt bestehen, daß die überwiegende Mehrzahl der Beziehungen den Übergang zu dieser tieferen Liebe niemals schafft.

1990 wandte sich ein Institut an dreitausend Frauen und tausend Männer, die repräsentativ aus ganz Amerika ausgewählt wurden. Sie wurden gefragt: „Was macht eine gute Ehe aus?" Bei beiden Geschlechtern zeigte sich eine große Übereinstimmung. „Liebe" ist die Antwort, die siebenundachtzig Prozent der Frauen und vierundachtzig Prozent der Männer gaben.

Es ist klar, daß „Liebe“ bedeutend mehr ist als Leidenschaft und Verliebtsein. Es ist die tiefe, ineinander verwobene Gemeinschaft zweier Menschen, die eine facettenreiche Beziehung entwickelt haben. Dazu gehört das Wissen dieser Menschen, daß sie von ihrem Partner geschätzt, geehrt und geliebt werden.

Eine solche Liebe kann eine Ehe mit Energie, Lebenskraft und Gesundheit erfüllen. Sie kann ein Beziehungsgewebe erzeugen, durch das das Leben ungemein bereichert wird – auch wenn Probleme auftauchen. Wenn sich eine solche Liebe zwischen zwei Menschen entwickelt, dann sind sie bereit, sich für ein ganzes Leben aneinander zu binden. Doch solange diese Liebe nicht besteht, sind alle Heiratspläne verfrüht. Eine Ehe wäre dann genauso riskant wie der Versuch, mit zehn Luftballons auf dem Rücken von einem Wolkenkratzer zu springen. „Leidenschaftliche“ Liebe ist aufregend und schön, aber „gemeinschaftliche“ Liebe ist das, was eine Ehe gelingen läßt.

Siebtes Prinzip: Meistern Sie die Kunst der Intimität

Ohne Frage ist die wichtigste Qualität in einer glücklichen Ehe die innige Gemeinschaft oder Intimität. Sie ist für die romantische Liebe, was Aprilschauer und Maisonnenschein für das Getreide sind. Wenn Sie mit dem Menschen, den Sie lieben, innige Gemeinschaft pflegen, schaffen Sie unbegrenzte Möglichkeiten für das Wachstum Ihrer Beziehung. Innige Gemeinschaft eröffnet die Möglichkeit, Sie beide aus der einsamen Welt des Getrenntseins heraus in die emotionale Einheit zu heben.

Umgekehrt ist der erste Feind jeder Ehe ein Mangel an Intimität. Wenn zwei Menschen einander nicht bis in die Tiefe kennen, können sie nie „ein Fleisch" werden, wie die Bibel es nennt. Sie werden nie „verschmelzen" oder „zusammengeschmiedet werden". Ohne Intimität bleiben sie isoliert und allein – auch wenn sie unter einem Dach leben.

Wenn ich vor Gruppen von Unverheirateten und jungen Paaren spreche, stelle ich häufig fest, daß sie mißverstehen, was ich mit Intimität meine. Manchmal nehmen Menschen an, daß ich von Sex spreche. Andere meinen, ich rede von „Liebesgesprächen" – den warmen Ausdrücken der Zuneigung und Bewunderung. Sicher gehören ein gesundes Sexualleben und gute Kommunikation zur Intimität dazu – aber sie sind nur Teile davon.

Bei der Intimität, von der ich hier spreche, geht es um das Mitteilen dessen, was den Partnern im *Innersten* wichtig ist – ihre tiefsten Gedanken, Gefühle, Träume, Ängste und

Freuden. Erst wenn diese „Kern"-Informationen offenbart werden, werden die Partner mit dem Innenleben des anderen vertraut. Durch diesen Entdeckungsprozeß gewinnen sie wichtige Informationen darüber, ob sie auf Dauer zusammengehören.

Warum kommt es nicht sehr oft zu Intimität?

Viele Paare gehen in die Ehe, ohne sich richtig zu kennen. Sicher, sie haben sich über ihre Lebensgeschichten, über ihre Ziele für die Zukunft, die gewünschte Kinderzahl und dergleichen unterhalten. So wichtig diese Informationen auch sind, sie enthalten doch nichts über die tiefsten Antriebe, Motivationen, Ängste und Freuden, die das emotionale Fundament des Partners bilden. Wenn man eine Beziehung mit einem Aufzug vergleicht, könnte man sagen, daß viele Paare im Erdgeschoß stehengeblieben sind und nicht in den Keller weiterfahren wollen.

Mich faszinieren die Untersuchungen von Dr. John Cuber, der seine Ergebnisse in dem Buch *The Significant Americans* (Die bedeutsamen Amerikaner) veröffentlichte. Cuber beschäftigte sich mit Dutzenden von Paaren, die aus irgendeinem Grund verheiratet geblieben sind – manche um der Kinder willen, andere nur wegen der körperlichen Gemeinschaft, und einige, weil sie das Zusammensein wirklich genossen. Er fand heraus, daß nur eine kleine Minderheit von Paaren echte Intimität erfuhr. Warum ist Intimität in der Beziehung zwischen Mann und Frau so schwer zu erreichen?

Erstens geben die meisten Familien diese Fähigkeit nicht während der Entwicklungsjahre an ihre Kinder weiter. Das Leben ist so hektisch geworden, daß man kaum noch die Möglichkeit sucht, sich in aller Ruhe hinzusetzen und miteinander zu reden. Die meisten Menschen nehmen sich keine Zeit, sich darüber klarzuwerden, was eigentlich in ihrem Innern vor sich geht – geschweige denn mit anderen darüber zu reden.

Die eskalierende Scheidungsrate wirkt sich ebenfalls sehr negativ auf die Intimität aus. Tatsache ist, daß siebzig Prozent der Kinder in den USA irgendwann in ihrem Leben mit einer Scheidung konfrontiert werden – sei es die Scheidung ihrer Eltern oder ihre eigene. Wenn eine Familie auseinanderbricht, ist der Mangel an Intimität möglicherweise eine *Ursache,* und fast immer ist er eine Folge.

Zweitens ist unsere Gesellschaft relativ blind für die Wichtigkeit der Intimität, so daß denen, die diese Kunst meistern, wenig Lohn oder Anerkennung winkt. Menschen werden in unserer Gesellschaft gut bezahlt, wenn sie mehr *produzieren,* sie genießen Prestige, wenn sie einen hohen *Bildungsstand* erreichen, und werden geschätzt, wenn sie *gut aussehen.* Aber Menschen, die gelernt haben, auf innige Weise mit anderen zu kommunizieren, bekommen dafür nicht viel Anerkennung. Manchmal werden sie sogar noch verspottet.

Drittens erfordert Intimität, daß man sich intensiv mit der eigenen Innenwelt beschäftigt – und das ist für manche Leute zu beängstigend. In unserer Gesellschaft gibt es eine Epidemie des Desinteresses an dem echten, inneren Ich, und dadurch wird Intimität praktisch unmöglich. Wie können zwei Menschen über ihre innersten Emotionen sprechen, wenn sie sich ängstlich davor gescheut haben, zu tief in sich selbst hineinzublicken? Sie können es nicht. Infolgedessen geben sich viele Paare mit oberflächlichen Beziehungen zufrieden, in denen sie im Grunde nebeneinander her leben und schon von einem relativ milden Sturm auseinandergeblasen werden können.

Selbstentdeckung: Der erste Schritt zur Intimität

Ich erinnere mich noch gut, wie Dennis und Jody vor fünf Jahren zu mir in die Beratung kamen. Jody wollte Dennis nicht heiraten, und Dennis war deswegen wütend. Sie hatte ihm gesagt, sie glaube nicht, daß sie ohne Beratung je eine Beziehung aufbauen würden, der sie sich für ihr ganzes Leben hingeben könnte. Dennis kam aus einem einzigen Grund zu mir – ich sollte Jody beschwichtigen, damit sie ihn heiratete.

Während unseres ersten Gesprächs umriß Jody das Problem: „Dennis und ich unterhalten uns niemals über irgend etwas Wichtiges. Er redet nicht gern über ‚persönliches Zeug', wie er es nennt. Manchmal fühle ich mich so sehr aus seinem Leben ausgeschlossen, daß es mich schier zur Verzweiflung treibt. Dann stelle ich ihm alle möglichen Fragen, und er antwortet mir mit einem Wort. Wenn dann meine Frustration zunimmt, rede ich lauter und stelle noch mehr Fragen. Schließlich wird Dennis wütend und sagt mir, diese Dinge seien persönlich und gingen mich nichts an. Ich solle mich um meinen eigenen Kram kümmern. Ich koche, wenn er so etwas sagt! Ich fühle mich wie eine Fremde bei ihm. Wie kann ich jemanden heiraten, mit dem ich so wenig kommuniziere?"

Ich fragte Dennis, wie er dazu stehe. „Na ja, es stimmt, daß wir nicht viel über die Dinge reden, über die Jody sprechen möchte", antwortete er. „Aber um Ihnen die Wahrheit zu sagen – meistens weiß ich gar nicht, was ich auf ihre Fragen antworten soll. Sie fragt mich, wie ich dies oder jenes empfinde, und ich *weiß* einfach nicht, wie ich es empfinde. Sie versucht meinen Standpunkt zu irgend etwas aus mir herauszuquetschen, aber ich habe nicht die leiseste Ahnung, was mein Standpunkt ist. Sie will wissen, wo ich mit meinem Leben hin will, und ich sage ihr, daß ich das weiß, wenn ich angekommen bin. Warum soll man sich den Kopf über die Zukunft zerbrechen?"

Dennis war sich wahrhaftig selbst ein Fremder! Wie hätte er mit Jody über seine tiefsten Gedanken, Träume und Pläne sprechen können? Er hatte ja selbst keine Ahnung davon!

Sie müssen sich selbst kennen, wenn Sie mit einem anderen Menschen innige Gemeinschaft pflegen wollen. Und die richtige Zeit, damit anzufangen, sich selbst kennenzulernen, ist der Tag Ihrer Geburt! Das ist nur möglich, wenn Ihnen jemand dabei hilft, der älter und weiser ist. Ihre Fähigkeit zur Intimität wird weitgehend davon abhängen, wie Ihre Eltern Sie erzogen haben.

Kluge Eltern tun folgendes, um Intimität zu fördern: Sie sorgen dafür, daß ihr Kind wegen dem, was es denkt und fühlt, keine Angst haben muß. Sie vermitteln dem Kind nicht den Eindruck, wertlos zu sein, nur weil ihnen nicht gefällt, was es denkt oder fühlt. Sie fordern zwar vielleicht ein bestimmtes *Verhalten,* aber sie verlangen nicht, daß das Kind auf eine ganz bestimmte Weise fühlt oder denkt. Durch ihr Interesse und Verständnis helfen sie ihrem Kind herauszufinden, was in seinem Innern vor sich geht. Gesunde Eltern werden ihr Kind auch ermutigen, sich seiner Gedanken und Emotionen in jedem Augenblick bewußt zu sein. In den ersten Lebensjahren erwirbt man seine Kenntnisse über sich selbst, wird man zu einem Experten über sein Inneres. Diese Art Selbstwahrnehmung ist eine entscheidende Voraussetzung für Intimität.

Leider haben viele Kinder nicht das Glück, solche Eltern zu haben. Was dann? Was ist, wenn Ihre Eltern es versäumt haben, Ihnen zu helfen, sich selbst im tiefsten Innern kennenzulernen? Was geschieht mit einem Menschen, der das Jugendalter erreicht, ohne diese Fähigkeit entwickelt zu haben? Hier spielen gute Freunde eine wichtige Rolle. Oftmals können Gleichaltrige den Mangel an Intimität in der Familie ausgleichen.

Eltern klagen manchmal darüber, daß ihre jugendlichen Kinder ständig das Telefon besetzen. Doch diese scheinbar endlosen Telefongespräche können einen sehr nützlichen

Zweck erfüllen. Wenn Jugendliche zusammen „das Leben verarbeiten" und sich gegenseitig ermutigen, ihre Innenwelten zu erkunden, dann sind die Kosten für all diese Gespräche im Vergleich zum Nutzen verschwindend gering. Jugendliche, die sich am Telefon unterhalten oder mit ihren Freunden draußen im Park herumhängen, eignen sich dabei möglicherweise Fähigkeiten an, die für ihre spätere Ehe von entscheidender Bedeutung sein werden. Sie erfahren, wer sie selbst sind und wie sie dieses Wissen mit anderen teilen können.

Doch es gibt immer noch eine Menge Leute, die durch die Kindheit und die Jugend gehen, ohne sich selbst kennenzulernen. Vielleicht legten ihre Eltern nicht viel Wert auf Selbstentdeckung, und sie hatten auch nicht den Vorzug, Freunde zu haben, mit denen sie auf einer tiefen Ebene kommunizieren konnten. Viele dieser jungen – und manchmal auch älteren – Erwachsenen versuchen, ihre Fähigkeit zur Intimität in einer Liebesbeziehung zu entwickeln. Manche Menschen hoffen, daß sie mit Hilfe ihres Freundes oder ihrer Freundin ihr tieferes Ich entdecken können.

Allerdings zweifle ich daran, daß das sehr oft gelingt. In einer solchen Liebesbeziehung steht einfach zuviel auf dem Spiel. Wenn ein Mensch im Prozeß der Intimität noch nicht geübt ist, kann es so beängstigend sein, sich einer derart wichtigen Person gegenüber zum ersten Mal zu öffnen, daß die Tür zur Innenwelt verschlossen bleibt.

Ich sage *nicht,* daß Sie Intimität nicht mit Hilfe eines vertrauten Freundes, eines Bruders oder einer Schwester lernen können. In solchen Beziehungen herrscht manchmal genug Geborgenheit und Vertrautheit, um Ihr inneres Ich zu erforschen. In einer *Liebesbeziehung* jedoch sind normalerweise so viele Emotionen im Spiel, daß es schwierig ist, das Eis der Intimität und Verwundbarkeit zu prüfen. Es ist eine große Aufgabe zu lernen, wie man mit einem anderen Menschen innige Gemeinschaft pflegt. Wenn soviel auf dem Spiel steht, geht man an dieser Aufgabe leicht vorbei. Es ist einfach zu riskant.

So kommt es, daß viele – vielleicht die meisten – Leute das Erwachsenenalter erreichen, ohne je Intimität gelernt zu haben. Manche dieser Leute sind beruflich ungemein erfolgreich, aber ihr Familienleben ist ein Trauerspiel. Manche verfügen über einen erstaunlichen Verstand, aber von den inneren Abläufen ihres emotionalen Lebens haben sie keine Ahnung. Weil sie nicht wissen, wer sie überhaupt sind, haben sie keine Chance, Intimität zu entwickeln.

Wenn Leute mich fragen, wie sie Intimität lernen können, mache ich eine Reihe von Vorschlägen. Erstens geht es in der Psychotherapie vor allem um Intimität – um die Entdeckung seiner selbst im Umfeld einer bedeutungsvollen Beziehung zu einem Berater, dem man vertraut. Ein geschickter Therapeut oder Lebensberater kann Barrieren für die Intimität aufdecken und eine sichere Umgebung für die Selbstentdeckung bieten.

Andere haben vielleicht von einer Therapiegruppe Gewinn. Solche Gruppen bieten ihren Mitgliedern die Möglichkeit, sich mit Familiensituationen auseinanderzusetzen und über ihre täglichen Begegnungen zu sprechen. Die anderen Gruppenmitglieder dienen dabei als Spiegel, indem sie wiedergeben, was sie sehen, um die Gedanken und Verhaltensweisen zu beleuchten.

Manchmal verweise ich Leute auf „Zwölf-Schritte-Gruppen" (vergleiche Seite 96) oder Gemeindegruppen, in denen es um Wachstum und Selbsterkenntnis geht. Oft sind diese Gruppen auf „Mitkämpfer" ausgerichtet, also auf Leute mit ähnlichen Problemen, und die gegenseitige Rechenschaft und Unterstützung ist oft sehr stark.

Häufig gebe ich ihnen auch einfach Hausaufgaben auf. Ich fordere sie auf, ein Tagebuch zu führen und jeden Tag eine halbe Stunde lang ihre Gefühle und Gedanken aufzuschreiben, Zeiten zum Nachdenken und Beten einzuplanen und zu verschiedenen Situationen Rollenspiele mit anderen durchzuführen. Diese „Hausaufgaben für Seele und Geist" helfen, Erinnerungen aufzudecken, Gedanken zu sortieren und Gefühle zu erforschen.

Intimität erfordert das Verlangen, andere kennenzulernen

Ich erinnere mich, wie ich in den ersten Jahren unserer Ehe einmal mit meiner Frau und unserem ersten Kind mit dem Auto unterwegs war. Marylyn und ich waren seit drei Jahren verheiratet, und wir waren immer noch dabei, uns kennenzulernen. Während unsere kleine Tochter auf dem Rücksitz schlief, unterhielten Marylyn und ich uns bis tief in die Nacht – zum Teil, um uns wach zu halten, und zum Teil, um unser gegenseitiges Verständnis zu vertiefen.

Ich werde nie vergessen, wie froh es mich machte, daß Marylyn so begierig war, mich besser kennenzulernen. „Erzähl mir von dir", sagte sie immer. Niemand hatte mich jemals so gründlich kennenlernen wollen, und indem ich ihr von mir erzählte, lernte ich mich selbst viel besser verstehen.

Damit echte Intimität entstehen kann, müssen zwei Menschen den starken Wunsch haben, einander zu kennen. Allerdings kommt es oft darauf an, wie dieser Wunsch ausgedrückt wird. Ich habe festgestellt, daß normalerweise vier Bedingungen erfüllt sein müssen, bevor andere bereit sind, Ihnen tiefe, persönliche Dinge über sich selbst mitzuteilen.

▷ *Interesse.* Die Menschen müssen sicher sein, daß Sie wirklich etwas von Ihnen hören wollen. Wenn das nicht der Fall ist, brauchen Sie sie gar nicht erst dazu aufzufordern. Es wird sehr schnell offensichtlich werden. Ihre Aufmerksamkeit wird abwandern, Ihr Augenkontakt wird unterbrochen sein, Sie werden vielleicht unruhig, oder Ihr Schlafbedürfnis wird sichtbar. Wer will schon sehr persönliche Informationen über sich selbst weitergeben, wenn der Zuhörer kein Interesse daran hat? Untersuchungen über die intime Kommunikation zeigen, daß „nicht richtig Zuhören" der grundlegende Fehler ist, den die Leute dabei begehen. Vielleicht ist das auch die Ursache für ihre Neigung, den anderen zu unterbrechen, an Kleinigkeiten herumzukritisieren und vor Ungeduld nicht abzuwarten, bis der andere alles gesagt hat, was er wollte.

▷ *Verbindlichkeit.* Die tiefste Kommunikation kann nur dann stattfinden, wenn keine Furcht vor Ablehnung oder Abwendung besteht. Ihr Gegenüber muß wissen, daß Sie sich an diese Beziehung gebunden haben, bevor es sich öffnen kann. Damit ehrliche Gespräche stattfinden können, muß die Beziehung von Sicherheit und Geborgenheit geprägt sein. Wo echte Verbindlichkeit besteht, empfinden beide Partner die Freiheit, über alles und jedes miteinander zu reden.

▷ *Kameradschaft.* Wenn Ihnen ein Mensch seine Emotionen offenlegt, muß er wissen, daß Sie ihn wirklich mögen. Neulich verstummte eine Klientin von mir plötzlich mitten in unserem ersten Gespräch und sagte: „Ich muß wissen, ob Sie mich mögen. Mögen Sie mich?" Das war genau die Frage, die sie stellen mußte, denn wenn ich sie nicht gemocht hätte, wäre es für sie zu riskant gewesen, mir persönliche Dinge von sich zu erzählen.

▷ *Aktive Beteiligung.* Menschen, die sich wirklich lieben und nach einer tiefen Beziehung streben, beteiligen sich aktiv an dem Prozeß der Intimität. Sie beugen sich beim Zuhören vor, halten Augenkontakt, stellen klärende Fragen und treiben das Gespräch durch eigene Bemerkungen voran. Intimität kann sich dann am besten entwickeln, wenn zwei Menschen einander aufmerksam zuhören, sich gegenseitig ihre Unterstützung signalisieren und auf Verurteilungen und Schuldzuweisungen völlig verzichten.

Zur Intimität gehören gemeinsame Emotionen und Erfahrungen

Es ist wunderbar, wenn man etwas zutiefst Persönliches mitteilt und der andere sagt: „Ich weiß genau, was du meinst!" Oder: „Das ist mir auch schon so gegangen." Oder: „So habe ich das auch immer empfunden." So etwas ist ein unendlich freudiges Erlebnis, durch das zwei Menschen zusammengeschweißt werden. In solchen Momenten entdekken sich verwandte Geister.

Intimität ist unmöglich, ohne daß zumindest ein Grundstock an gemeinsamen Emotionen, Erfahrungen oder Überzeugungen besteht. Je mehr Gemeinsamkeiten da sind, desto tiefer kann die Intimität gehen.

Es ist eine Sache festzustellen, daß Sie und der Mensch, den Sie lieben, ein paar oberflächliche Interessen gemeinsam haben, wie etwa Taubenzüchten oder Briefmarkensammeln. Doch es ist eine ganz andere Sache festzustellen, daß etwas in ihrem Leben, wovon Sie glaubten, daß es ganz und gar einzigartig wäre, von Ihrem Partner geteilt wird. Es ist eine großartige Erfahrung, intensiv mit jemandem zu kommunizieren, der genau weiß, was Sie denken und fühlen.

Kürzlich ging mich mit Dr. Jokichi Takamine essen, einem früheren Vorsitzenden der Ärztevereinigung von Los Angeles County. Wir kamen über Intimität und Selbstöffnung ins Gespräch und konzentrierten uns schließlich auf die Gemeinsamkeiten und übereinstimmenden Überzeugungen, die eine Ehe glücklich machen.

Immer wieder kamen wir dabei auf die Bedeutung der *Spiritualität* oder des *geistlichen Lebens* zurück. Wenn zwei Menschen entdecken, daß sie einen geistlichen Hunger oder eine Glaubensgrundlage gemeinsam haben, dann fühlen sie sich stark zueinander hingezogen. Ich habe sogar festgestellt, daß ein Mangel an gemeinsamen geistlichen Überzeugungen oft auf ein Defizit an Intimität hinweist, bei dem die gegenseitige Bindung der Partner gefährlich unterentwickelt bleibt. Eine neuere Untersuchung zeigte, daß Spiritualität zu den sechs häufigsten Kennzeichen starker Familien gehört. Die stärksten Familien dieser Untersuchung berichteten davon, daß sie „eine Macht und einen Plan“ empfänden, die größer seien als sie selbst – sie haben eine *spirituelle Orientierung*.[1]

Vor einiger Zeit kam eine Frau aus einem anderen Teil des Landes zu mir. Sie war sieben Jahre verheiratet gewesen, als ihr Mann sie verließ, und sie verbrachte die nächsten zwei Jahre damit zu versuchen, ihn zurückzugewinnen. Er verlangte zwar nicht die Scheidung, aber er weigerte sich beharrlich, nach Hause zu kommen. Kürzlich rief er sie aus heiterem Himmel heraus an und wollte sofort nach Hause kommen. Er sagte, er hätte endlich erkannt, wie sehr er sie braucht und begehrt. Er würde morgen wieder bei ihr einziehen!

Obwohl diese Frau ihren Mann nicht abweisen wollte – schon gar nicht nach allem, was sie unternommen hatte, um ihn zurückzugewinnen –, hatte sie nun Zweifel daran, daß ihre Ehe funktionieren würde. Ich ging diesem Gedanken mit ihr gründlich nach. Sie sagte mir folgendes: „Wenn wir zusammen sind, gibt es zwischen uns einfach nicht viel Intimität. Er verdient eine Menge Geld, aber wir können nicht über die Dinge reden, die mir am wichtigsten sind. Er hat absolut kein Interesse an meinen tiefsten Gedanken und Gefühlen – an meiner geistlichen Seite. Ich kann nicht mit jemandem verheiratet sein, dem der wesentlichste Teil meiner Persönlichkeit fremd ist – wie gutaussehend oder reich er auch sein mag.“

Wenn zwei Menschen diese Dimension gemeinsam haben, kann das andere Bereiche ausgleichen, in denen sie gegensätzlich sind. Manche Leute heiraten, nachdem sie als Kinder negative „religiöse“ Erlebnisse hatten. Sie wollen die Religion über Bord werfen und tun so, als gäbe es sie nicht. Aber dabei unterdrücken und verleugnen sie alles in sich selbst, was auch nur annähernd mit dem Glauben zu tun hat, und trennen sich so von einem der tiefstgreifenden

Bereiche menschlicher Erfahrung ab. Die Folge dieses Handelns ist ein Gefühl der Leere und Oberflächlichkeit – sowohl individuell als auch in der Ehe. Ich bin überzeugt, daß zahllose Ehen scheitern, weil es ihnen an spirituellen Wurzeln fehlt.

Was sind die besten Voraussetzungen für Intimität?

Wie ich schon andeutete, erfordert Intimität drei grundlegende Qualitäten – die Kenntnis des eigenen Innenlebens, ein starkes Verlangen, den anderen kennenzulernen, und das Vorhandensein gemeinsamer Emotionen und Erfahrungen. Wenn man davon ausgeht, daß ein Mann und eine Frau diese Qualitäten haben, bleibt noch ein wichtiger Faktor zu bedenken. Er hat mit der *Situation* zu tun.

In was für einem äußeren und emotionalen Rahmen kann sich Intimität am besten entfalten? Wenn Sie die Antwort auf diese Frage kennen, können Sie Ihre Möglichkeiten, tiefe Kommunikation zu pflegen, erheblich verbessern. Ich glaube, daß Intimität am besten unter folgenden Bedingungen wachsen kann:

▷ *Wenn reichlich Zeit zur Verfügung steht.* Untersuchungen belegen, daß das Eheglück stark davon abhängt, wieviel Zeit die Partner zusammen verbringen. Unter normalen Umständen kann es nicht oft zur Intimität kommen, wenn zwei Menschen in Eile sind. Darum macht es die Hektik, die das Leben in unserer Gesellschaft mit sich bringt, so schwer, Intimität zu erreichen. Doch wenn ein Paar an einem Freitagnachmittag zusammen ist, ohne etwas vorzuhaben oder in seiner Zeit begrenzt zu sein, wird Intimität sehr viel wahrscheinlicher. Wenn ein entspannender Feiertag oder eine Woche Urlaub ins Haus stehen, ist die Situation für innige Gespräche perfekt.

Ich möchte nicht den Eindruck erwecken, als sei Intimität *nur* möglich, wenn viel Zeit zur Verfügung steht, aber sie wird sich viel wahrscheinlicher entfalten können, wenn man nicht fürchten muß, das Gespräch auf halbem Wege abbrechen zu müssen.

▷ *Wenn Sie frei von der täglichen Routine sind.* Intimität scheint durch die Pflichten und Ablenkungen des Alltags verdrängt zu werden. Irgend etwas an der täglichen Arbeit zu Hause und im Büro schaltet unsere Gehirne auf Aktion um, so daß der Blick nach innen verstellt wird.

Sie müssen sich nicht sehr weit von dieser Routine entfernen, um sich zu entspannen und Ihren Geist zu öffnen. Manchmal reicht schon ein Abendessen am anderen Ende der Stadt oder eine Fahrt aufs Land oder eine Stunde im Park. Wenn es Ihnen gelingt, sich aus der üblichen Routine herauszulösen, werden Sie viel leichter Intimität schaffen können.

▷ *In Zeiten der Krisen oder des Schmerzes.* Ich sage oft, daß Schmerz ein vertrauenswürdiger Lehrer ist, während uns die Freude oft in die Irre führt. In bezug auf die Intimität trifft das gewiß zu. Wenn wir emotionalen oder körperlichen Schmerz erfahren, wenden wir uns nach innen und untersuchen, was wir fühlen und denken. Wenn wir dann entdecken, was in uns vor sich geht, wollen wir es den Menschen erzählen, die wir am meisten lieben. Selbst diejenigen, denen ihr Innenleben sonst kaum vertraut ist, werden oft bereit, über ihre Gedanken und Gefühle zu sprechen, wenn sie mit einer Krise oder Tragödie in Berührung kommen.

Das ist einer der Gründe dafür, warum Liebende näher zusammenzurücken scheinen, wenn sie gemeinsam durch schmerzliche Erfahrungen gehen. Sie kommen mit ihren tieferen Schichten in Kontakt, die selten sichtbar werden, solange das Leben sorglos und unbeschwert ist.

▷ *Wenn die Partner sich regelmäßig Zeit zum Nachdenken und zur Schau nach innen nehmen.* Zeit, die man allein mit Lesen und Denken, Meditieren und Beten verbringt, führt fast immer zu einem tieferen Bewußtsein. Paare, die sich regelmäßig Zeit zum Nachdenken nehmen, zeichnen sich durch besondere Intimität aus. Wenn Sie mit sich selbst tiefer vertraut werden, haben Sie natürlich auch zu dem Prozeß der Intimität mehr beizutragen. Verbringen Sie regelmäßig Zeit damit, die Tiefen Ihrer eigenen Innenwelt auszuloten, und Sie werden entdecken, daß auch Ihre Beziehung zu Ihrem Partner tiefer wird.

Intimität hilft Ihnen, Ihre Beziehung einzuschätzen

Lassen Sie mich etwas klarstellen, das während dieses ganzen Kapitels stillschweigend mitgeschwungen hat. Intimität trägt nicht *automatisch* zu einer tieferen Bindung bei. Wenn Sie mit einem anderen Menschen diese Intimität pflegen, dann teilen Sie Ihre innersten Welten miteinander, und Sie werden dabei tief miteinander vertraut. Diese Vertrautheit wird entweder ein Gefühl der Einheit verstärken oder Gegensätze und trennende Dinge deutlicher hervortreten lassen.

Und das ist einer der Gründe, warum Intimität so unglaublich wichtig ist – und so gefährlich. Wenn Sie gemeinsame Emotionen und Sichtweisen entdecken, dann entsteht eine Bindung, die Ihnen das Gefühl gibt, füreinander geschaffen zu sein. Sie erleben ein Zusammenwachsen, das etwas Ewiges an sich hat – als ob Sie schon immer zusammengewesen wären und es immer sein würden.

Doch natürlich kann Sie diese tiefe Kommunikation auch zu der Erkenntnis führen, daß Sie *nicht* ähnlich fühlen oder denken. Wenn diese Gegensätze groß genug sind, können Sie den Schatten eines Zweifels über Ihre Beziehung werfen. Wenn das geschieht, sollten Sie Ihre gemeinsame Zukunft sorgfältig überdenken. Der Versuch, zwei Leben zusammenzuzwingen – zwei Leben, die fundamentale Gegensätze aufweisen –, ist genau das, was zu unglücklichen und gescheiterten Ehen führt.

Wenn zwei Menschen sich tief austauschen, können sie anfangen, ernsthaft abzuwägen, ob ihre Beziehung ein ganzes Leben lang halten kann. Darum ist Intimität so wichtig für jedes Paar, das eine dauerhafte Beziehung anstrebt. Die Partner haben dadurch die Möglichkeit, einander bis in die Tiefe kennenzulernen und einzuschätzen, wie ähnlich sie einander sind. Dann können sie beurteilen, ob sie in der Lage sein werden, ihr Leben in Harmonie und Frieden miteinander zu verbringen oder nicht.

Achtes Prinzip: Lernen Sie, Konflikte zu bewältigen

Paul und Betty erzählten mir, sie hätten sich noch nicht ein einziges Mal gestritten – nicht einmal die kleinste Auseinandersetzung hätten sie gehabt. Sie behaupteten, perfekt miteinander auszukommen, und sie lebten in der Erwartung, diese makellose Bilanz würde sich fortsetzen, wenn sie verheiratet wären.

Während ich dasaß und ihnen zuhörte, dachte ich: „Was stimmt mit den beiden nicht? Warum bemühen sie sich so sehr, Konflikte zu vermeiden?" Es machte mich nervös, daß sie im Begriff waren zu heiraten, ohne über einen entscheidenden Aspekt ihrer Beziehung Genaueres zu wissen. Sie hatten nicht die leiseste Ahnung von ihrer Fähigkeit, gemeinsam Konflikte zu bewältigen.

Meinungsverschiedenheiten und Auseinandersetzungen in einer Beziehung sind unvermeidlich, und sie können sich zum Nutzen wie zum schweren Schaden auswirken. Wenn zwei Menschen gelernt haben, Konflikte so zu lösen, daß ihre Beziehung dabei reift und sich vertieft, dann verfügen sie über eine großartige Fähigkeit. Aber wenn sie nicht wissen, wie sie wirksam mit ihren Meinungsverschiedenheiten fertig werden können, kann ihre Ehe systematisch zerstört werden. Meiner Meinung nach scheitern mehr Ehen daran, daß zwei Menschen keine Ahnung davon haben, wie sie mit ihren Meinungsverschiedenheiten umgehen sollen, als durch irgendeine andere Ursache. Darum ist es so wichtig, im voraus zu wissen, daß Sie und Ihr zukünftiger Ehepartner fähig sind, mit Problemen fertig zu werden. Wenn Sie das nicht wissen, gehen Sie mit Ihrer Heirat ein furchtbares Risiko ein.

Können Konflikte einer Ehe nützen?

Die meisten Leute nehmen an, wenn sie gar keine Konflikte hätten, sei ihre Beziehung besser, als wenn es einige Konflikte gäbe. Ich sehe das nicht so. Freilich, wenn es jede Menge Meinungsverschiedenheiten zwischen zwei Menschen gibt, sind sie vielleicht zu gegensätzlich und sollten in Erwägung ziehen, lieber nicht zu heiraten.

Aber die besten Beziehungen, die ich kenne, sind solche, in denen beide Partner völlig offen und echt sind, und das können sie nicht sein, ohne Unterschiede zu entdecken. Diese Gegensätze stellen die einzigartigen Blickwinkel dar, die jeder von ihnen mit in die Beziehung bringt. Und obwohl diese Gegensätze vielleicht aufgelöst werden müssen, ist es gerade dieser Akt der Auflösung, durch den zwei Partner einander noch tiefer kennen und respektieren lernen können.

In dem Maße, wie ein Paar Offenheit und Echtheit zulassen kann, wird ihre Beziehung vollständig und befriedigend sein. Wenn sie aus Angst vor Konflikten ihre Gedanken und Gefühle verbergen, wird es nicht lange dauern, bis sie sich innerlich verloren und gegen den anderen eingestellt fühlen werden.

Gute Beziehungen lassen aus einem von zwei Gründen ein beträchtliches Maß an individueller Freiheit zu. Entweder entdecken die Partner in ihrer Offenheit, daß sie sich sehr ähnlich sind, vielleicht auf Grund kultureller und genetischer Ähnlichkeiten. Oder sie entdecken, daß sie beide trotz möglicher Unterschiede *gelernt haben, mit diesen Gegensätzen letztlich zum Nutzen ihrer Beziehung fertig zu werden.* Diese Fähigkeit sollte jedes Paar vor der Hochzeit entwickeln. Andernfalls können die Partner kein Zutrauen zur Dauerhaftigkeit ihrer Beziehung haben.

Die Grundlage erfolgreicher Konfliktlösung

Als ich Russ und Jamie kennenlernte, war ich beeindruckt von der Art, wie sie miteinander umgingen. Wir hatten kaum die erste halbe Stunde unseres ersten Ehevorbereitungsgesprächs hinter uns, als ich zu der Überzeugung kam, daß sie mit so ziemlich jeder Meinungsverschiedenheit fertig werden könnten.

Manchmal stelle ich mir selbst die Frage: „Was schnappe ich auf, das mich so sicher macht, daß dieses Paar mit den Problemen fertig werden wird, die ihm begegnen werden?" Und manchmal bin ich richtig erschrocken darüber, wie einfach meine innere Antwort ist: Sie haben Achtung vor sich selbst, und sie haben Achtung voreinander. Ich weiß, daß Konflikte, die konstruktiv ausgetragen werden, mit gegenseitigem Respekt zu tun haben, und daß schädliche Konflikte fast immer dadurch bedingt sind, daß mindestens eine der Personen sich über ihre individuellen Bedürfnisse unsicher ist.

Aber woher weiß ich schon nach so kurzer Zeit, wieviel Achtung die Leute vor sich selbst und voreinander haben? Zum Teil deswegen, weil ich gelernt habe, worauf ich mein Augenmerk richten muß. Ob sie sich selbst respektieren, erkenne ich so: Ich höre aufmerksam zu, wenn sie auf meine Fragen eingehen. Suchen sie in sich selbst nach den Antworten, und nehmen sie sich Zeit, diese Antworten zu formulieren? Scheinen sie zufrieden mit ihren Formulierungen, wenn sie fertig sind? Äußern sie ihre Meinungen mit Selbstbewußtsein? Wenn sie das tun, dann haben sie wahrscheinlich Zutrauen und Achtung vor sich selbst.

Außerdem beobachte ich die Person, die gerade nicht redet, um zu sehen, wieviel Aufmerksamkeit diese Person ihrem Partner widmet. Ich beobachte den Gesichtsausdruck und die Häufigkeit des Augenkontakts zwischen den beiden. Das verrät mir, wie sehr die Partner einander respektieren.

Menschen erweisen einander Achtung durch die Art, wie sie miteinander reden und einander zuhören, wie sie sich berühren und wie sie sich gegenseitig in das Gespräch einbeziehen. Wie zwei Leute einander behandeln, solange kein Konflikt vorliegt, ist die beste Vorschau darauf, wie sie miteinander umgehen werden, wenn es zu einem Konflikt kommt. Und wenn ich zu der Überzeugung komme, daß sie sich selbst *und* einander respektieren, dann habe ich das Zutrauen, daß sie *jeden* Konflikt, der ihren Weg kreuzt, bewältigen können. So einfach ist das!

Sie fragen sich vielleicht, ob ich die Grundlage der Konfliktbewältigung zu stark vereinfacht habe. Lassen Sie mich noch mehr von Russ und Jamie erzählen. Ich fragte sie, wie glücklich ihre Kindheit gewesen sei. Sie sprachen offen über die vorwiegend positiven Erfahrungen, die sie als Kinder gemacht hatten, redeten aber auch von einigen negativen Erlebnissen. Die ganze Zeit über hörten sie einander zu, als hätten sie den anderen die Geschichte noch nie zuvor erzählen hören.

Dann fragte ich sie nach ihren Beziehungen zu ihren Eltern. Die Erfahrung zeigt, daß die Elternbeziehungen eines Menschen – besonders die Beziehung zur Mutter – ein entscheidendes Merkmal sind, um abzuschätzen, wie gut der Betreffende in der Ehe zurechtkommen wird.

„Sie war ein ganz schlichter, fürsorglicher Mensch“, sagte Russ über seine Mutter. „Sie war eines von neun Kindern, und ihre Familie hatte auf einer Farm gelebt. Sie ging nur bis zur achten Klasse auf die Schule, aber Lesen und Schreiben hatte sie ganz gut gelernt. Sie hatte nie viel Selbstachtung und half mir nie bei meinen Hausaufgaben, aber sie hielt immer zu mir und lobte meine Leistungen.“

Russ schwieg beinahe eine Minute lang und dachte offensichtlich über seine Erfahrungen mit seiner Mutter nach. „Ich glaube, was ich von ihr am besten in Erinnerung habe“, fuhr er fort, „sind die Zeiten, in denen sie mitten in der Nacht aufstand, weil ich Ohrenschmerzen hatte. Ich war damals in der fünften oder sechsten Klasse. Sie hielt dann immer meinen Kopf auf ihrem Schoß und tat alles, was sie konnte, um mich zu trösten."Tränen traten in scinc Augen, und seine Stimme versagte.

Jamie sagte kein Wort. Sie ergriff einfach seine Hand. Die ganze Zeit über, während er erzählte, hatte sie ihn unverwandt angeblickt. Sie hörte ihm mit dem Respekt zu, der, wie ich weiß, grundlegend für die Konfliktbewältigung ist.

Konflikte sind tausendmal leichter zu lösen, wenn zwei Menschen sich selbst und einander von Grund auf respektieren. Wenn dieses Fundament vorhanden ist, sind die Techniken der Konfliktbewältigung leicht zu erlernen. Doch wenn der Respekt fehlt, reichen alle Techniken der Welt nicht aus.

Fünf einfache Techniken zur Meisterung von Konflikten

Haben wir einmal herausgefunden, daß ein Paar über den Respekt verfügt, den ich gerade geschildert habe, so können wir über gewisse Techniken zum Umgang mit Meinungsverschiedenheiten sprechen. Es gibt fünf bewährte Methoden, Konflikte zu lösen. Wenn ein Paar wie Russ und Jamie diese Techniken einübt, so daß sie ihm schließlich in Fleisch und Blut übergehen, werden sie an keinem Konflikt scheitern.

▷ *Es muß eine grundlegende Übereinstimmung herrschen, daß beide das Recht haben, so zu fühlen und zu denken, wie sie es tun.* Keiner hat unrecht, nur weil er oder sie nicht mit der anderen Person übereinstimmt oder Dinge anders macht.

Mir scheint es entscheidend, diesen Punkt in der frühen Phase einer Beziehung immer wieder ausdrücklich herauszustellen. Es hat etwas Wunderbares, wenn man von seinem Partner gesagt bekommt: „Ich bin nicht deiner Meinung, aber du hast das Recht, so zu denken und zu fühlen, wie du es tust." Das verringert das drohende Gefühl, im *Unrecht* zu sein, nur weil man *anderer Meinung* ist. Dieses unangenehme Gefühl kann zu Abwehrhaltung und Streitlust führen.

▷ *Beide Personen müssen das volle Gehör ihres Partners finden und wissen, daß sie richtig verstanden worden sind.* Es ist wichtiger für mich, gehört und verstanden zu werden, als eine Auseinandersetzung zu gewinnen. Wenn ich weiß, daß der andere meine Gedanken und Gefühle versteht, fühle ich mich beinahe automatisch erleichtert, selbst wenn unsere Meinungsverschiedenheit bestehenbleibt.

Die Technik, die ich in dieser Hinsicht am hilfreichsten finde, wurde ursprünglich von dem amerikanischen Psychologen Dr. Carl Rogers formuliert. Sie funktioniert so: Jeder Partner muß mit eigenen Worten wiedergeben, was der andere gesagt hat, bevor er seinen nächsten Beitrag formuliert. Es wirkt sich überraschend positiv auf den Lösungsprozeß aus, wenn Sie die Gefühle und Gedanken Ihres Partners auf diese Weise reflektieren.

Ich bin immer wieder beeindruckt davon, was passiert, wenn meine Frau Marylyn und ich einen Konflikt austragen. Wir haben die Neigung, unsere Argumente immer aufs neue zu wiederholen – in der Hoffnung, daß die offensichtliche Überlegenheit unseres Standpunktes den anderen schließlich überzeugen wird. Manchmal kommt einem von uns der Gedanke (so um Mitternacht herum), es könnte hilfreich sein, laut zu wiederholen, wie man den anderen verstanden hat. „Also schön, Marylyn", sage ich dann vielleicht, „laß mich sehen, ob ich verstehe, was du sagst. Du glaubst, daß ..." Und dann formuliere ich ihren Standpunkt so genau, wie ich kann. Plötzlich sieht der ganze Konflikt völlig anders aus. Und ehe wir uns versehen, sind wir schon auf dem Weg zur Lösung.

▷ *Die Punkte, über die Sie sich uneinig sind, müssen genau dargelegt und von beiden anerkannt werden.* Es kann schwierig sein, die Probleme zu definieren, so daß es manchmal am besten ist, es schriftlich zu tun.

Die meisten Konflikte drehen sich um *kleinere* Meinungsverschiedenheiten. Stellen Sie sich vor, Sie und Ihr möglicher Partner diskutieren darüber, was Sie heute abend tun werden. Er will zu einem Basketballspiel gehen, aber sie wollen ein Video ausleihen.

„Ich möchte zu dem Spiel gehen", sagt er, „weil von ihm abhängt, ob die Knicks in die Endrunde kommen. Du weißt, daß ich ein großer Fan von ihnen bin, und dies ist ein entscheidendes Spiel. Ich will mit dir zusammensein, und ich will dieses Spiel sehen."

„Aber wart mal", sagen Sie, „ich bin völlig ausgepumpt. Das war eine anstrengende Woche, und ich muß heute einfach mal zu Hause bleiben. Ich will ein Video ausleihen, bei mir zu Hause ein einfaches Abendessen machen und dann mit dir den Film sehen."

Als die Debatte in Fahrt kommt, treten neue Argumente hinzu. Sie sagen, die Karten für das Spiel seien zu teuer und vielleicht gäbe es sowieso keine mehr, bis Sie dort sind. Er sagt, daß Sie in letzter Zeit nie irgendwo hingehen wollen, daß Sie immer müde seien, daß er und Sie den Film später immer noch sehen können.

An dieser Stelle kommt die Konfliktbewältigungstechnik Nummer drei ins Spiel. Legen Sie gemeinsam fest, worüber genau Sie sich auseinandersetzen: Basketball oder Video, zu Hause bleiben oder ausgehen, viel Geld ausgeben oder sparsam sein. Dadurch haben sie die anderen Punkte aus dem Weg geräumt, die die Dinge nur komplizieren, und die Kernprobleme identifiziert. Nun sind Sie bereit für die nächste Technik.

▷ *Eine Einstellung des „Gebens und Nehmens" erleichtert die Lösung ungemein.* Sie müssen etwa folgendes zueinander sagen: „Schauen wir einmal: Wo kann ich etwas geben, und wo kannst du etwas geben, so daß wir uns aufeinander zubewegen?" Wenn ein Paar einen Konflikt so angeht, ist es schon auf dem besten Wege, von dem Konflikt regelrecht zu *profitieren.* Diese Aussage vermittelt eine kompromißbereite Einstellung, ein offensichtliches Verlangen danach, daß beide Partner als Gewinner aus dem Konflikt hervorgehen. Es besteht eine Bereitschaft, vom eigenen Standpunkt abzugehen, um zu einem Ergebnis zu kommen, das für beide Seiten zufriedenstellend ist. Es ist wunderbar, jemanden zum Partner zu haben, der möchte, daß Sie gewinnen, ohne daß er selbst deshalb verliert.

In der Situation, wo es um den Videofilm und das Basketballspiel geht, könnten Sie etwa folgendes sagen: „Ich weiß, wie gern du dieses Spiel sehen möchtest, und du hast recht, den Film können wir später immer noch anschauen. Wäre es dir denn recht, heute abend zu mir zu kommen und dir das Spiel mit mir zusammen im Fernsehen anzuschauen?" Und ich stelle mir vor, wie er dann sagen könnte: „Ja, ich denke, das wäre in Ordnung. Ich würde gern zu dem Spiel gehen, aber ich weiß, daß du müde bist. Weißt du was? Ich halte auf dem Weg zu dir kurz an und hole Pizza, dann mußt du kein Essen zubereiten."

An dieser Stelle sagen Sie jetzt vielleicht: „Kommen Sie, das ist doch zu einfach! So glatt läuft das einfach nicht. Ihre Kompromisse sind zu ‚perfekt' für einen echten Streit."

Lassen Sie mich dazu eines sagen, bevor ich auf die letzte Konfliktbewältigungstechnik zu sprechen komme. Konflikte lassen sich oft *leicht* lösen, *wenn* die Einstellung der Partner zueinander gesund, positiv und liebevoll ist. Konflikte werden gefährlich und schwierig, wenn einer oder beide Partner sich übergangen, mißverstanden oder herabgesetzt fühlen. Wenn Sie spüren, daß der Mensch, den Sie lieben, eine Meinungsverschiedenheit so beilegen möchte, daß Sie sich beide dabei wohlfühlen können, dann fällt es Ihnen leicht, darauf einzugehen. Haben Sie dagegen das Gefühl, daß er oder sie nur gewinnen will und sich kaum darum schert, was Sie wollen, dann wird wahrscheinlich die Streitlust in Ihnen erwachen.

▷ *Wenn Sie einen Konflikt mit Ihrem Partner gelöst haben, gratulieren Sie einander dazu.* Loben Sie die Person, die Sie lieben, für die Eigenschaften, die es Ihnen beiden ermöglicht haben, auf Ihre gegenseitigen Bedürfnisse einzugehen und dabei für sich Bestätigung zu finden.

Meine Frau und ich haben einen ständigen Konflikt um

die Temperatur in unserem Haus. Ich schätze, daß mein inneres Thermometer extremer ist als ihres. Ich habe es im Winter gern wärmer und im Sommer gern kühler als sie. Das macht ihr zu schaffen, denn es bedeutet, daß unsere Gasrechnung im Winter höher ausfällt, als sie es für nötig hält, während im Sommer unsere Stromrechnung anschwillt. Wir versuchen, Kompromisse zu schließen, um den Frieden zwischen uns zu bewahren und uns beide in unserem Haus wohl zu fühlen.

Eines Abends jedoch ging Marylyn früh zu Bett, während ich lange aufblieb, um die verzögerte Übertragung eines Basketballspiels im Fernsehen anzuschauen. Gegen Mitternacht bemerkte ich, daß es im Zimmer sehr warm war – noch wärmer, als mir normalerweise lieb ist. Aber ich unternahm nichts dagegen, weil ich so in das Spiel versunken war. Schließlich ging ich zu Bett, ohne vorher den Thermostat zu prüfen.

Am nächsten Morgen sagte sie: „Wir haben wohl teilweise deswegen heute nacht nicht sehr gut geschlafen, weil die Heizung immer noch so hoch eingestellt war. Ich hatte sie heraufgestellt, damit es schön warm ist, wenn du von der Arbeit kommst."

Das berührte mich tief, und ich sagte: „Es tut mir wirklich leid, daß ich sie nicht heruntergestellt habe. Ich war ganz hingerissen von dem Spiel, und ich bin einfach am Thermostat vorbeigegangen, ohne auch nur einen Blick darauf zu werfen." Dann sagte ich ihr, was mich so berührt hatte: „Das war sehr lieb von dir, daß du die Heizung aufgedreht hast, damit mir beim Abendessen warm ist."

Ich erzähle diese ganze Geschichte, weil Marylyns weitere Reaktion ein gutes Beispiel für die fünfte Konfliktbewältigungstechnik ist. Sie kam erst am folgenden Abend. In einem entspannten Moment sagte sie: „Das war wunderbar, wie du mit der Sache mit der Heizung umgegangen bist. Ich habe heute während der Arbeit öfter daran gedacht." Mehr sagte sie nicht, aber es reichte aus, daß ich mir gleich den nächsten Konflikt herbeiwünschte, damit ich wieder so

„wunderbar“ damit umgehen könnte! Ich spürte einen ganz neuen Ausbruch der Liebe zu ihr. Stellen Sie sich das vor! Das alles empfand ich nur deswegen, weil sie mir Bestätigung gegeben hatte für die Bestätigung, die ich ihr gegeben hatte. Wir hatten den Konflikt auf eine Weise bewältigt, die dazu führte, daß wir beide uns vom anderen stärker geliebt fühlten und den anderen stärker liebten.

So einfach diese Konfliktbewältigungstechniken auch sind, es gibt zahllose Paare, die sie beharrlich ignorieren – und infolgedessen in ihrer Beziehung unter schwerwiegenden Folgen leiden müssen. Wenn Sie in einer Beziehung stehen, in der Sie und Ihr potentieller Ehepartner regelmäßig unterschiedlicher Meinung sind, und Sie beide nicht die Fähigkeit haben, diese fünf konstruktiven Vorgehensweisen anzuwenden, dann rate ich Ihnen dringend, mit der Hochzeit noch zu warten. Beweisen Sie einander erst, daß Sie als Paar in der Lage sind, diese Methoden der Konfliktbewältigung routinemäßig zu praktizieren.

Die häufigsten falschen Verhaltensweisen bei Konflikten

Ich bin zu dem Ergebnis gekommen, daß die meisten der Paare, die zu Ehevorbereitungsgesprächen zu mir kommen, keine Ahnung haben, wie man mit Konflikten umgeht. Wenn Sie diese Schlußfolgerung mit meiner früheren Aussage in Verbindung bringen, daß die Unfähigkeit, Konflikte zu lösen, verheerende Folgen für eine Beziehung haben kann, dann verstehen Sie, warum heute so viele Ehen scheitern.

Am häufigsten erlebe ich vier falsche Wege, mit ehelichen Konflikten umzugehen.

▷ *Verleugnung.* Manche Leute sind davon überzeugt, daß Konflikte immer schädlich sind, und wollen sie deswegen bei sich selbst einfach nicht wahrhaben. Wie das Paar, das ich zu Beginn dieses Kapitels erwähnte, kommt es bei ihnen *niemals* vor, daß sie sich streiten, daß sie debattieren oder auch nur unterschiedlicher Meinung sind.

Eines jedoch ist sicher: Es ist unmöglich, die Verstimmungen einfach auszulöschen – selbst wenn Sie Konflikte einfach nicht akzeptieren. Und wenn Sie den Konflikt verleugnen und aus ihrem Bewußtsein zu verbannen versuchen, dann sind die Auswirkungen oftmals noch verheerender, als wenn Sie ihn bewußt erleben. Ich kann Ihnen gar nicht sagen, wie viele der Ehepaare, die ich im Lauf der Jahre beraten habe, drauf und dran waren, sich zu trennen, weil ihre Ehen erstarrt waren – obwohl sie nur selten bewußte Auseinandersetzungen hatten.

Neulich rief mich ein Mann an und erzählte mir, daß seine achtundzwanzigjährige Ehe kürzlich mit einer Scheidung geendet habe. „Die Leute waren sprachlos, als sie davon hörten“, sagte er. „Meine Frau und ich hatten eigentlich nie Streit oder Auseinandersetzungen.“ Mich überraschte das nicht; ich habe schon zu viele solcher Ehen erlebt, die einfach von innen her auseinanderbrachen. Ich fragte den Mann, wie er sich erklärte, warum das geschehen war.

„Meine Eltern haben sich während meiner ganzen Kindheit fürchterlich gestritten“, sagte er, „und als ich vierzehn war, habe ich mir geschworen, mich niemals mit meiner Frau zu streiten.“

„Aber war das denn nicht frustrierend für Ihre Frau?“ fragte ich ihn. „Nein“, sagte er, „ihre Eltern stritten sich niemals, und ihre Mutter starb, als sie fünfzehn war. Sie hatte keine Ahnung von Konflikten und davon, wie man mit ihnen umgeht.“

Hören Sie auf meine Warnung: Passen Sie auf, wenn Sie jemanden heiraten wollen, dessen Eltern *niemals* Auseinandersetzungen hatten – *oder* jemanden, dessen Eltern sich heftig stritten. Ihr potentieller Ehepartner könnte sich genau dieselben Konfliktbewältigungsmethoden angeeignet haben wie seine Eltern – oder aber genau die entgegengesetzten. In beiden Fällen hat er oder sie die falschen Wege erlernt, mit den schwierigen Situationen in einer Beziehung fertig zu werden.

Ebenso seien Sie *sehr* vorsichtig, bevor Sie jemanden heiraten, der entschlossen ist, sich nie auf Meinungsverschiedenheiten mit Ihnen einzulassen. Das ist *Verleugnung,* und sie wird es Ihnen unmöglich machen, den Weg zur Liebe von dem Schutt zu befreien, den unbewältigte Konflikte stets zurücklassen.

▷ *Nicht-Engagement.* Eine Person, die Konflikte in der Beziehung zwar erkennt, aber sich weigert, darüber zu reden, zeigt eine äußerst destruktive Verhaltensweise, die man *Nicht-Engagement* nennt. Der Unterschied zwischen Nicht-Engagement und Verleugnung liegt darin, daß Nicht-Engagement bewußt geschieht.

Wenn Leute so reagieren, wollen sie Konflikte einfach nicht austragen, aber sie zeigen ihr Mißfallen auf andere Weise. Sie schmollen, schweigen, vermeiden sorgfältig konfliktträchtige Themen oder bestrafen einen, indem sie emotional auf Distanz gehen. Diese Verhaltensweisen sind sehr destruktiv. Wenn man versucht, sie zu durchbrechen, stößt man normalerweise auf eine zweite Abwehrlinie – und vielleicht sogar auf eine dritte. Ich gebe Ihnen ein Beispiel.

Ich kenne eine Frau, die sich noch nie mit ihrem Mann gestritten hat. Sie will Konflikte einfach nicht austragen. Es ist unübersehbar, wenn sie verärgert ist; sie fällt dann in völliges Schweigen und schließt ihren Mann ganz und gar aus ihrem Leben aus. Ihr Schweigen ist ohrenbetäubend! Wenn er versucht herauszubekommen, was los ist, schweigt sie einfach weiter. Es ist eine Bestrafung, die er mehr und mehr verabscheut, und sie hat ihre Ehe nahezu zerstört.

Warum tut sie das? Ich habe sie danach gefragt, und sie hat mir sogar erlaubt, ihre Antwort abzudrucken: „Mein Mann und ich waren nie in der Lage, Meinungsverschiedenheiten zwischen uns beizulegen. Wenn ich ihm sage, daß ich mich über irgend etwas ärgere, schreit er mich an. Sein Schreien macht mich ganz fertig, und ich habe beschlossen, es nie wieder auszulösen. Für mich ist es viel besser, wenn ich schweige."

Diese Frau hat sich aufs Nicht-Engagement verlegt, um dem Zorn ihres Mannes zu entgehen. Sie hat es aufgegeben, einen Weg zu finden, Konflikte mit ihm gemeinsam zu verarbeiten. In ihrer Ehe müssen sich die beiden durch den Unrat von Dutzenden von Meinungsverschiedenheiten schlängeln, die nie gelöst wurden.

▷ *Zornausbrüche.* Im Lauf der Jahre habe ich mit über vierhundert Leuten zu tun gehabt, die ihren Zorn nicht im Zaum halten konnten, und ich kenne diese Leute gut. Menschen, die regelmäßig explodieren, sind eine Rasse für sich. Früher dachten die Psychologen immer, es handele sich dabei fast ausschließlich um Männer, aber das stimmt nicht ganz. Heute wissen wir, daß Männer normalerweise gegenüber ihren Frauen explodieren, während Frauen es gegenüber ihren Kindern tun.

Diese Leute sind beängstigend! Bisweilen habe ich erlebt, daß sie ihren Ehepartner oder ihre Kinder tatsächlich mitten in meinem Sprechzimmer schlugen. Das Magazin *Time* sagt, daß in den USA jedes Jahr vier bis sechs Millionen Ehepartner und Millionen von Kindern von den Menschen verprügelt werden, die behaupten, sie am meisten zu lieben.

Warum tun diese Leute das? Es liegt doch auf der Hand, daß sie dadurch *niemals* erreichen, was sie eigentlich wollen. Sie wollen, daß man ihnen zuhört und sie respektiert. Sie wollen, daß ihre Ansichten und Gefühle zählen. Zu diesem Ergebnis führen ihre Wutausbrüche niemals, wenn sie auch für kurze Zeit zu bekommen scheinen, was sie wollen. Sie explodieren immer wieder wegen der Verstärkung, die sie dabei erfahren – und während ein paar wenigen Minuten danach.

Wie kommt es zu dieser Verstärkung? Diese Menschen empfinden ein Gefühl der Macht und der Bestätigung, wenn das Adrenalin durch ihre Adern jagt. Wenn sie schreien und auf den Tisch hauen und ihre Worte ausspeien, dann denken sie tatsächlich, daß sie sich damit Respekt verschaffen, daß sie die Zügel in der Hand halten und etwas tun, das ihnen nützt. Aber genau das Gegenteil ist die Wahrheit!

Unglücklicherweise sind viele Menschen nach dieser Art, mit Konflikten umzugehen, süchtig, und wenn sie sich nicht um professionelle Hilfe bemühen, werden sie wahrscheinlich immer so weitermachen.

▷ *Manipulation.* Diese Taktik kann verschiedene Formen annehmen. Ich will nur einige nennen:

1. Schuldgefühle: „Weißt du, Liebling, Oma wird allmählich sehr alt, und deshalb solltest du tun, was sie sagt. Sie lebt vielleicht nicht mehr lange."

2. Schmeichelei: „Es wäre eine so große Ehre für mich, wenn jemand von Ihrer Bedeutung das für mich tun würde."

3. Drohungen: „Wenn du mich nicht auf die Party begleiten willst, gibt es sicher eine Menge anderer Frauen, die liebend gern mit mir hingehen würden."

4. Erpressung: „Wenn du das für mich tust, erzähle ich Dad nicht, was du mit dem Geschenk gemacht hast, das er dir gegeben hat."

5. Subtiles Feilschen: „Ich weiß, daß dir zuwider ist, worum ich dich bitte, aber wenn du es trotzdem tust, glaube ich, daß du hinterher froh darüber sein wirst."

6. Unverblümtes Feilschen: „Wenn du dich in dieser Sache nach mir richtest, tue ich bei jener anderen Sache, was du willst."

Wenn Sie einem möglichen Partner begegnen, der Manipulationen benutzt, um seinen Willen zu bekommen, seien Sie sehr vorsichtig. Manipulation in jeder Form raubt Ihnen Ihre Würde und gibt Ihnen das Gefühl, gezwungen und herumgeschoben zu werden. Solche Leute wollen einfach *ihren* Willen durchsetzen; sie wollen, daß Sie nachgeben, und sie werden so ziemlich alles versuchen, um ihr Ziel zu erreichen. Und wenn eine Manipulation nicht funktioniert, versuchen sie es mit einer anderen.

Warum profitieren manche Paare von Konflikten, während andere daran scheitern?

Sie wissen inzwischen, daß ich Konflikte zwischen zwei Menschen, die in ihrer Beziehung frei und echt sein wollen, für unvermeidlich halte. Zudem glaube ich, daß Konflikte entweder destruktiv oder hilfreich sein können. Alles hängt davon ab, wie man mit ihnen umgeht. Wenn man überhaupt nicht oder nicht angemessen mit ihnen umgeht, können sie eine Beziehung zerstören. Doch wenn sie sorgfältig und umsichtig ausgetragen werden, können sie dazu beitragen, eine tiefere und befriedigendere Beziehung aufzubauen.

Wodurch wird nun bestimmt, welchen Weg ein Paar einschlägt? Aus meiner Erfahrung damit, wie Paare mit Konflikten umgehen, kann ich sagen, daß es bestimmte Faktoren gibt, durch die ein Paar einer von zwei Gruppen zugeordnet werden kann.

Paare, die auf destruktive Weise mit Konflikten umgehen, weisen normalerweise das folgende Muster auf:

1. Einer oder beide Partner wuchsen in einer Familie auf, in der Konflikte schlecht oder überhaupt nicht verarbeitet wurden.

2. Die Partner glauben heute, daß Konflikte gefährlich sind und man sie lieber nicht eingestehen sollte. Oder: Wenn sie versuchen, sich damit zu befassen, tun sie es ungeschickt und grob und niemals wirksam.

3. Dann entwickelt sich eine stillschweigende Übereinkunft, Frieden zu halten, indem man individuelle Gegensätze ignoriert.

4. Beide haben das Gefühl, es sei besser, wenn die Beziehung oberflächlich bleibt. Sie haben Angst davor, „zu tief zu schürfen".

5. Müssen sich solche Leute doch einmal mit Konflikten auseinandersetzen, ist ihnen dabei nicht wohl in ihrer Haut. Sie fühlen sich einfach nicht sicher, wenn sich in der Beziehung Gegensätze zeigen.

6. Weil jeder von ihnen in sich unsicher ist, neigen sie dazu, viel zuviel zu reden und viel zuwenig zuzuhören.

7. Ohne es richtig zu merken, geht es ihnen zunehmend nur noch darum, zu „gewinnen", anstatt den Konflikt zu lösen.

8. Jeder von ihnen fühlt sich regelmäßig mißverstanden, eingeengt und mißachtet. Das verstärkt ihre Überzeugung, Konflikte seien schlecht für die Beziehung.

9. Sie behalten immer mehr Dinge für sich und verstekken sich vor ihrem Partner.

10. Wenn die Gegensätze zwischen ihnen zunehmen, ist ihre erste Reaktion Verleugnung. Kommen sie damit durch, wird die Beziehung oberflächlicher. Scheitert dieser Versuch jedoch, fangen sie an, sich gegenseitig zu manipulieren. Scheitern sie auch damit, so holen sie sich entweder Hilfe von außen, oder ihre Ehe verflacht – oder endet ganz.

Mir ist klar, daß dies eine pessimistische Analyse ist. Aber leider habe ich dieses Muster viele Male beobachtet. Darum bin ich so fest davon überzeugt, daß jedes Paar, das auf die Ehe zugeht, sich sorgfältig über seine gemeinsame Fähigkeit zum Umgang mit Meinungsverschiedenheiten klarwerden muß. Wenn ein einzelner oder ein Paar glaubt, man könne Konflikte ignorieren, dann ist die Katastrophe fast sicher.

Und nun zum positiven Verhalten. Manche Paare kommen gut mit Konflikten zurecht. Normalerweise gehen sie die Sache folgendermaßen an:

1. Sie sind fest zur Harmonie entschlossen – aber nur, wenn dabei Offenheit und Echtheit beider Partner gewährleistet sind.

2. Beide Personen haben eine tiefe Achtung vor sich selbst und vor ihrem Partner.

3. Beide Partner rechnen damit, daß es Meinungsverschiedenheiten zwischen ihnen geben wird, und begrüßen das auch.

4. Es besteht eine hohe Wertschätzung für die Einzig-

artigkeit des anderen und ein Verständnis dafür, wie wichtig es ist, dem anderen genau zuzuhören und ihn zu verstehen.

5. Jede Person findet großen Trost in der Beziehung.

6. Beide sind entschlossen, Konflikte zu *verarbeiten* statt sie zu ignorieren.

7. Beide sind in der Lage, es einzugestehen, wenn sie im Unrecht sind.

8. Es besteht keine Abwehrhaltung, kein Konkurrenzkampf und kein Streben danach, gegen den anderen zu gewinnen.

9. Beide sind darauf aus, dem anderen zu gratulieren, wenn eine Meinungsverschiedenheit erfolgreich ausgeräumt ist.

10. Beiden ist klar, daß der Weg zur Liebe von Konflikten und Ressentiments freigeräumt werden muß, und sie sind bereit, die nötige Zeit dafür aufzuwenden.

Jedes Paar, das positiv mit Konflikten umgehen kann, verfügt über eine ungemein wertvolle Fähigkeit. Ich glaube, Daniel Goleman von der *New York Times* traf den Nagel auf den Kopf, als er schrieb: „Die Fähigkeit, über Probleme zu reden, ist wichtiger als die Frage, wie sehr sich ein Paar liebt oder wie glücklich es vor der Ehe war."

Wenn Paare nicht in der Lage sind, ihre Meinungsverschiedenheiten auszuräumen, ist eine Ehe einfach zu riskant für sie. Sie sollten warten, bis sie ihren Mangel behoben haben. Ich erinnere mich, wie ich ein verlobtes Paar beriet, das große Schwierigkeiten mit der Konfliktbewältigung hatte. Sie stritten sich über alles mögliche und waren sich noch nicht einmal einig, wie sie ihre Uneinigkeiten angehen sollten. Die Frau sagte mir, er müsse immer jede Auseinandersetzung gewinnen, und der Mann sagte mir, daß er sich am Ende gewöhnlich für jedes Problem, das sie hatten, verantwortlich fühlte. Ich wußte, daß sie tief in der Klemme saßen, und ich empfahl ihnen, ihre Hochzeit zu verschieben, bis sie die Fähigkeit entwickelt hätten, ihre Probleme auf eine Weise zu lösen, mit der sie beide leben könnten.

Ich bin fest davon überzeugt, daß jedes Paar, das sich

eine dauerhafte Ehe wünscht, lernen muß, konstruktiv mit Konflikten umzugehen. Tut es das nicht, so wird die Zeit kommen, wenn der Weg zur Liebe so mit dem Abfall ungelöster Auseinandersetzungen übersät ist, daß sie einfach nicht mehr darauf vorwärtsgehen können. Es liegt auf der Hand, daß es am besten ist, vor der Festlegung eines Hochzeitsdatums herauszufinden, ob die Partner über das nötige Rüstzeug verfügen, diese Straße freizuhalten.

Neuntes Prinzip: Heiraten Sie nicht, bevor Sie sich nicht für Ihr ganzes Leben binden können

Als ich ein junger Vater von drei kleinen Mädchen war, habe ich mich manchmal gefragt, ob ich je in der Lage sein würde, sie bei ihrer Hochzeit durch den Mittelgang der Kirche zu führen, ohne zusammenzubrechen. Ich konnte mir nicht vorstellen, eine ihrer kleinen Hände in die Hand „eines anderen Mannes“ zu legen und zuzusehen, wie sie sich bei einem „Fremden“ einhängten. Ich wußte, mir würde das Herz brechen.

Als Jahre später Lorries Hochzeit näher rückte, nahm der Druck zu. Ich ging all die psychologischen Prinzipien über den Umgang mit starken Gefühlen in einer öffentlichen Situation durch, die ich kannte. Dann, als ich einigermaßen zuversichtlich war, daß ich keine Szene machen würde, fragten mich Lorrie und Greg, ob ich den beiden während der Feier die Brautrede halten würde. Ich sollte mich also vor all diese Leute stellen, meine ganzen Gefühle unter Kontrolle haben und auch noch eine Ansprache halten!

Tagelang dachte ich darüber nach, worüber ich sprechen sollte. Ich fragte mich, ob mir je klarwerden würde, was ich zu meinem „kleinen Mädchen“ und diesem „anderen Mann“ sagen sollte.

Als ich dann eines Nachmittags zwischen zwei Terminen in meinem Sprechzimmer saß, legte ich für eine Minute den Kopf zurück und schloß die Augen. In meiner Nervosität stellte ich mir vor, wie ich vor dieser großen Hochzeitsgemeinde stehen würde. Vor meinem geistigen Auge sah ich Gregs Eltern, Joe und Gerri Forgatch, direkt vor mir in der ersten Reihe. Und quer über den Gang sah ich meine Frau. Die meisten anderen waren nur verschwommen zu sehen, aber dann entdeckte ich meinen Vater und meine Mutter direkt hinter meiner Frau. Plötzlich stieg in mir eine Ahnung auf, was ich zu der Braut und dem Bräutigam sagen sollte.

Ich begann meine Ansprache so: „Lorrie und Greg, eine glückliche Ehe und eine gesunde Familie erfordern eine altmodische, tiefe, lebenslange Hingabe. Meine eigene Mutter und mein Vater haben mir dieses Prinzip äußerst nachdrücklich vor Augen geführt. In zwei Monaten werden sie ihren siebzigsten Hochzeitstag feiern."

Als ich dann an jenem Abend dort stand, das strahlende, lebhafte junge Paar vor mir und die beiden weisen, neunzigjährigen Gestalten zu meiner Rechten, konnte ich nur hoffen, daß die Prinzipien, von denen sich die Veteranen so erfolgreich hatten leiten lassen, dem Jungvolk ebenso wichtig werden würden.

Was bedeutet eigentlich Bindung?

Es war am einundzwanzigsten August im „Sommer ihrer Jugend", als meine Mutter und mein Vater sich aneinander *banden.* Dieses Datum ist mir fast ebenso vertraut wie mein eigener Geburtstag, weil es in unserer Familie jedes Jahr feierlich begangen wurde. Ihre lebenslange Bindung war für uns etwas Großartiges. Sie hatte nicht nur dazu geführt, daß sie an all diesen vielen Tagen zusammen gefrühstückt und eine unendliche Zahl gemeinsamer Erfahrungen gemacht hatten, sondern sie hatte auch meine beiden Schwestern und mich, zwölf Enkelkinder, zwölf Urenkelkinder und zwei Ururenkelkinder möglich gemacht. Sie *banden sich aneinander* für ein ganzes Leben, und ihre Hingabe und unerschöpfliche Zuneigung zueinander schufen eine körperliche und emotionale Geborgenheit, die *alles* in ihrem – und unserem – Leben *für immer* radikal beeinflußte.

Kommen wir direkt auf den Kern der Sache: Was war das Wesen ihrer Bindung? Was bedeutet es, wenn Sie sich an jemanden *binden*?

Um zu verstehen, was der Inhalt dieser Verpflichtung ist, können wir uns an die traditionellen Ehegelöbnisse halten. Normalerweise wird eine einzige Frage gestellt, auf die Sie mit „Ja" antworten, und dann sprechen Sie Ihrem Partner vielleicht ein konkretes Gelöbnis zu. Die Frage lautet zum Beispiel: „James, willst du Susan zur Frau nehmen, und versprichst du feierlich, sie zu lieben, zu ehren und zu hegen, keiner anderen dich zuzuwenden und ihr alle Pflichten zu erweisen, die ein Mann seiner Frau schuldig ist, bis daß der Tod euch scheidet?"

Und ein traditionelles Ehegelöbnis lautet etwa so: „Ich, Susan, nehme dich, James, zu meinem Mann. Und ich verspreche und gelobe vor Gott und diesen Zeugen, dir eine liebende und treue Frau zu sein – in Fülle und in Mangel, in Freude und in Trauer, in Krankheit und in Gesundheit – solange wir beide leben."

Sie verpflichten sich also:

1. Ihren Partner zu lieben, bis einer von Ihnen stirbt.
2. Ihren Partner zu ehren, bis einer von Ihnen stirbt.
3. Ihren Partner zu hegen, bis einer von Ihnen stirbt.
4. Sich nicht mit irgendeinem „Ersatzpartner" einzulassen.
5. Alle Ihre Pflichten als Ehepartner zu erfüllen, bis einer von Ihnen stirbt.
6. In *allen* Lebensumständen *liebevoll* und *treu* zu sein, solange Sie beide leben.

Ist das ein radikales Gelöbnis oder nicht?

In diesem Kapitel lege ich großen Nachdruck darauf, daß Sie *nicht* heiraten – daß Sie sich rundheraus *weigern*, es auch nur in Erwägung zu ziehen –, solange Sie Ihrem Partner nicht dieses lebenslange Versprechen geben können. Die

Ehe ist viel zu herausfordernd und viel zu kompliziert, als daß sie irgend jemand auf sich nehmen könnte, der noch nicht ganz genau weiß, ob er wirklich entschlossen ist, *all* diese sechs Dinge *für immer* zu tun.

Wird die Verbindlichkeit der Ehe in unserer Kultur ernst genommen?

Nein! Offensichtlich haben wir die Verbindlichkeit der Ehe heruntergespielt! Wir waren in unserer Gesellschaft so sehr darauf bedacht, nur ja nicht die individuelle Freiheit einzuschränken, daß wir buchstäblich zugesehen haben, wie völlig unvorbereitete Leute heirateten und sich wieder scheiden ließen, und wir haben keine Miene dazu verzogen. Wir waren so sehr darauf bedacht, nur ja niemanden in einer destruktiven Beziehung gefangenzuhalten, daß wir die Tür zur Scheidung weit aufgerissen und den Leuten eingetrichtert haben, eine lebenslange Bindung sei überholt und belanglos. Als Gesellschaft haben wir uns auf den Standpunkt gestellt, der Gedanke der Unauflöslichkeit sei ein schöner, aber bedeutungsloser Bestandteil einer allzu idealistischen Sicht der Ehe. Wir halten uns daran, wenn er uns gelegen kommt, und wir ignorieren ihn, wenn es nicht so ist.

Ich bin davon überzeugt, daß das fundamentale Problem unserer Gesellschaft der Zusammenbruch der traditionellen Familie ist. Und außerdem bin ich davon überzeugt, daß die Struktur der Familie nicht gesunden kann, solange wir nicht alles, was zur Verbindlichkeit der Ehe gehört, wieder ernst nehmen.

Erst Verbindlichkeit macht Vertrauen möglich. Wie können Sie jemandem vertrauen, wenn Sie wissen, daß er oder sie nicht entschlossen ist, ein Leben lang zu Ihrer Beziehung zu stehen? Und wie sollen Sie ohne tiefes Vertrauen Ihre innersten Gedanken und Gefühle miteinander teilen? Wie können Sie alles ausdrücken, was sich in Ihrem tiefsten Innern abspielt? Und wenn Sie das nicht können, wie stark kann dann Ihre Ehe sein? Und kann ein Paar ohne diese beständige Intimität eine emotionale Umgebung schaffen, in der Kinder stark werden und gesund aufwachsen können? Ich glaube, Sie sehen, wie leicht eine Ehe ohne echte Verbindlichkeit wie ein Kartenhaus auseinanderfallen kann.

Mißverstehen wir die Bedeutung der Verbindlichkeit?

Ja! Viele Leute stellen sich Verbindlichkeit als „körperliche Anwesenheit" vor. Das heißt, daß Sie Ihren Partner nicht verlassen. Aber das ist nur ein *geringfügiger* Teil der Verbindlichkeit einer Ehe. Ich kenne zwei Leute, die über zwanzig Jahre lang in ihrer kranken Ehe blieben, weil es, wie sie sagten, „darum schließlich bei der Verbindlichkeit der Ehe geht."

Doch die Verbindlichkeit verlangt Ihnen tausendmal mehr ab, als nur in der Ehe zu bleiben! Sie verlangt von Ihnen, den anderen zu *lieben,* zu *ehren* und zu *hegen.* Sie umfaßt, daß Sie Ersatzpartner aller Art meiden. Sie erfordert, daß Sie alles in *Ihrer* Macht Stehende tun, um alles zu sein, was als Ehepartner von Ihnen verlangt wird. Und sie legt fest, daß Sie all dies in *allen* Lebensumständen tun, solange Sie leben. Diese Art Verbindlichkeit ist in unserer Gesellschaft *nicht* verstanden worden.

Sie werden bemerken, daß echte Verbindlichkeit nicht den leisesten Hauch von Bedingtheit hat oder davon, von Gegenseitigkeit und Erwiderung abhängig zu sein. Sie wird nicht davon bestimmt, in welchem Maße Ihr Partner sich daran hält. Sie sind Ihr ganzes Leben lang zur Liebe und Loyalität verpflichtet – was auch geschieht!

Ich bin überzeugt, daß weiterhin viele Ehen fadenscheinig und dem heutigen Leben nicht gewachsen sein werden, solange wir dieses Verständnis von Verbindlichkeit nicht wieder klar in den Blick bekommen.

Die Rolle der Willenskraft

Wenn ich mit Leuten spreche, die heiraten wollen, komme ich zielstrebig auf die entscheidende Rolle der *Willenskraft* zu sprechen. Letzten Endes – und nicht ohne daß es mich einen inneren Kampf kostet –, glaube ich, daß Liebe eine Entscheidung ist. Ich gebe zu, daß es schwer ist, wenn man Willenskraft und Entschlossenheit aufbieten muß, um jemanden zu lieben. Es ist viel leichter, wenn die Liebe von selbst fließt.

Doch ich habe schon vor langer Zeit gelernt, daß die meisten Leute, ich selbst eingeschlossen, Zeiten durchmachen, in denen wir nicht besonders liebenswert sind. Der Streß nimmt uns mit, unser Mangel an Erfolg entmutigt uns, wir sind von der Arbeit überlastet, sind unterbezahlt, krank oder was auch immer. Es gibt immer wieder kürzere oder längere Phasen, in denen wir Liebe brauchen, obwohl wir sie nicht „verdient" haben.

Und ich habe Leute beobachtet, die fähig sind, das nicht Liebenswerte zu lieben. Mal ist es ein Ehepartner, mal ein Kind oder ein enger Freund. Solche Liebenden stehen zu dem Menschen, den sie lieben – durch alle Stürme und Probleme seines Lebens hindurch.

Ich habe sie oft gefragt, wie sie das machen, wie sie es schaffen, so fürsorglich und loyal zu bleiben. Die Antworten klangen meistens ähnlich: „Ich habe vor langer Zeit beschlossen, ihn zu lieben, und nachdem ich das einmal beschlossen hatte, konnte nichts mehr etwas daran ändern." Wie kann das sein? Wie können sie jemanden durch dick und dünn lieben, in schlechten wie in guten Zeiten, auch dann, wenn der andere negativ und gereizt und unausstehlich ist?

Es ist eine Willenssache! Sie beschließen es!

Genau das ist für eine Ehe erforderlich. Sie bleiben dabei, den anderen zu lieben, zu hegen, zu ehren und ihm treu zu sein, weil Sie es beschließen – weil Sie es *wollen.*

Ist es oft schwer, zu Ihrer Bindung zu stehen?

Schwer? Manchmal scheint es fast unmöglich! Viele Leute fragen sich: Wie kann ich diesen Menschen lieben und ehren und hegen, der mir Unrecht tut, der so reizbar ist, mir so wenig bietet, so oft seine Seite der Abmachung nicht einhält? Wie kann ich sie lieben, wenn sie so viel trinkt? Wie kann ich ihn lieben, wenn er immer so spät nach Hause kommt? Wie kann ich sie lieben, wenn sie ihren Eltern alle möglichen Geschichten über mich erzählt? Wie kann ich ihn lieben, wenn er das Geld für unser Essen verspielt, wenn er sich keine Arbeit sucht, wenn er Drogen nimmt, wenn er und seine Freunde mich so schlecht behandeln? Wie kann ich sie lieben, wenn sie die Kinder anschreit? Wie kann ich ihn lieben, wenn er so grob zu mir ist?

Manchmal ist die Ehe so schwierig, daß es unmöglich scheint, zu der Bindung zu stehen!

Aber wenn sie nicht schwer wäre, unmöglich schwer, wozu brauchte man dann diese mächtigen und fordernden Ehegelöbnisse? Wir könnten die Leute doch einfach etwa folgendes nachsprechen lassen: „Ich, James, nehme dich, Susan, zur Frau. Ich verspreche dir, dich zu lieben, wann immer es mir möglich ist. Wenn du dich würdig erweist, werde ich dich ehren. Wenn ich etwas von dir will und du es mir gibst, werde ich dich hegen. Wenn zwischen uns alles gutgeht, wird unsere Beziehung Bestand haben. Aus meiner Sicht wird das hauptsächlich von dir abhängen, und ich wünsche dir nur das Beste."

Wann ist es an der Zeit, über Verbindlichkeit nachzudenken?

Es gibt nur *eine* richtige Zeit, über Verbindlichkeit nachzudenken – *bevor Sie eine Bindung eingehen!* Darum ist die Partnerwahl eine so unglaublich wichtige Aufgabe. *Bevor*

Sie heiraten, müssen Sie diese überwältigende Verbindlichkeit bedenken. Nachdem Sie sich für ein ganzes Leben verpflichtet haben, verlagert sich die Frage darauf, wie Sie am besten zur Ihrer Bindung stehen können – wie Sie Ihren Partner zutiefst lieben, ehren und hegen können.

Bitte mißverstehen Sie nicht, für wie unglaublich schwer ich es halte, nach Ihrer Hochzeit zu Ihrer Bindung zu stehen. Ich habe Hunderten von Paaren zugehört, die mit diesem Bereich zu kämpfen hatten. Und ich habe mein Bestes versucht, um ihnen zu helfen, auch dann noch weiter zu lieben, zu hegen und zu ehren, als das nicht mehr von Natur aus geschah. Manchmal war es ihnen einfach nicht möglich, das ohne eine Art Wunder zu tun. Aber ich glaube so stark an die Wichtigkeit, eine Bindung aufrechtzuerhalten, daß dafür keine Mühe zu groß ist.

Viele Paare haben mir gesagt, es sei ihnen unmöglich, zu ihrer Bindung zu stehen, weil „diese Ehe von Anfang an nicht richtig war." Hunderte von Personen wußten „gleich nach der Hochzeit" oder „im ersten Monat ihrer Ehe", daß sie mit dieser Heirat einen furchtbaren Fehler begangen hatten. Und nun wollen sie aus ihrer Beziehung heraus. Sie wollen vergessen, daß sie ein Gelöbnis abgelegt haben.

Wie kommt es, daß die meisten dieser Leute Kinder haben? Dadurch wird ihre Entscheidung, sich zu trennen, um so destruktiver! Kein Kind überlebt das Auseinanderbrechen der Ehe seiner Eltern ohne eine schwere Verletzung, die manchmal niemals heilt.

Mit all dem soll gesagt werden, daß die Zeit, eine Bindung zu überdenken, vor der Ehe ist. Den Leuten, die zu mir kommen, sage ich: „Haben Sie keine Angst, Ihre Beziehung *jederzeit* aufzulösen, *bevor* Sie Ihr Gelöbnis ablegen – selbst wenn Sie bereits vor dem Standesbeamten, Pastor oder Rabbi stehen! Aber sobald Sie eine Bindung eingegangen sind, arbeiten Sie daran. Stehen Sie zu Ihrem Wort!"

Kann man je genug wissen, um sich für ein ganzes Leben zu binden?

Das ist eine Frage, die mich bis in meine Träumen verfolgt! Ist es möglich zu wissen, daß eine bestimmte Person die richtige für Sie ist – für den Rest Ihres Lebens? Können Sie schon ganz am Anfang genug wissen, um sich für Ihr ganzes Leben an Ihren Partner zu binden – egal, was passiert?

Wir nehmen dieses Problem bisher nicht annähernd ernst genug! Ich wiederhole, als Gesellschaft haben wir buchstäblich unsere Augen vor der Ungeheuerlichkeit dieser Entscheidung verschlossen. Wir hoffen einfach, daß wir und die, die wir lieben, schon irgendwie den richtigen Partner finden werden. Es ist dringend notwendig, daß wir endlich mehr tun, als unsere Augen zu verschließen und zu hoffen.

Was genau tun wir eigentlich, wenn wir uns fragen, ob eine bestimmte Person unser ganzes Leben lang die richtige Person für uns sein wird?

Vor allem betrachten wir unser eigenes Leben und das Leben eines anderen Menschen, um zu sehen, aus was für einem Holz wir geschnitzt sind. Sicherlich werden wir versuchen, den Prinzipien zu folgen, die ich in diesem Buch beschrieben habe. Aber im Grunde versuchen wir doch zu entscheiden, ob wir und diese Person das haben, was es braucht, um zu sagen: „Wir *werden* es gemeinsam schaffen, egal, was passiert! Ich *werde* es mit dir weiter versuchen, bis einer von uns stirbt." Es ist unbedingt notwendig, daß wir diese hartnäckige Entschlossenheit haben, zu lieben, zu ehren und zu hegen, all unseren Pflichten nachzukommen und treu für unseren Partner zu sorgen, in was für Umstände auch immer wir geraten mögen. Sie müssen in der Lage sein, eine solche Bindung einzugehen, bevor Sie sich auf irgendwelche Heiratspläne einlassen dürfen.

Tatsache ist, daß dann, wenn wir die Ehe als eine Art „Geschäft" betrachten, es sehr gut möglich ist, daß sie uns als zu riskant erscheint. In vielen Fällen stehen uns vielleicht nicht genügend Informationen für eine völlig abgesicherte Entscheidung zur Verfügung.

Der verhängnisvolle Fehler unserer Gesellschaft ist, daß die Prinzipien des Geschäftslebens zunehmend unsere engsten menschlichen Beziehungen durchdringen. Darum hat die Gesellschaft es für nötig befunden, Ehegelöbnisse abzuwerten und so zu tun, als wären sie nicht mehr bindend oder von Bedeutung. Doch aus einer solchen geschäftlichen Perspektive betrachtet, ergibt die Ehe sehr wenig Sinn. Ich will das erklären:

Zwei grundlegende Prinzipien im Geschäftsleben sind:

1. Was Sie für eine Sache bezahlen, richtet sich danach, was Sie dafür bekommen.

2. Wenn ein geschäftliches Abkommen kein „gutes Geschäft" mehr ist, dann ändern Sie entweder das Abkommen, oder Sie steigen aus.

Aber die Ehe ist etwas radikal anderes! Sie beruht auf einer *bedingungslosen* Bindung. Wenn Sie heiraten, verpflichten Sie sich, einen anderen Menschen Ihr Leben lang zu lieben, zu ehren und zu hegen. Wenn Ihr Partner sich im Lauf der Zeit verändert, entbindet Sie das nicht von Ihrer Verpflichtung.

Wenn das „Geschäft" der Ehe nicht so läuft, wie Sie es sich wünschen, dann können Sie nicht aussteigen. Sie lieben und ehren weiter. Wenn Ihr Partner schwer krank wird, vielleicht todkrank, dann hegen Sie weiter. Wenn die Begeisterung für Ihre Beziehung schwindet, dann bleiben Sie dran. Wenn Ihr Partner einer Sucht zum Opfer fällt, Depressionen entwickelt, den Glauben an Gott verliert oder Sie ungerecht behandelt, dann beenden Sie nicht Ihre Beziehung.

Nach Jahren der Arbeit mit Paaren, die darum kämpfen zusammenzubleiben, bin ich zu dem Schluß gekommen, daß die Ehe beinahe niemals ein „gutes Geschäft" ist. Es ist töricht zu glauben, Sie könnten jemals genug über einen anderen Menschen wissen, um sicher zu sein, daß Ihre Ehe in den nächsten vierzig, fünfzig oder sechzig Jahren ein „gutes

Geschäft“ sein wird. Was jetzt wie ein gutes Geschäft aussieht, kann in ein paar Monaten oder Jahren verdorben sein. Wenn Sie ständig untersuchen, wie nützlich und lohnend die Beziehung für Sie ist, werden Sie immer wieder enttäuscht sein.

Außerdem wird Ihre Ehe schrecklich darunter leiden, wenn Sie regelmäßig abschätzen, wie sehr sie sich „lohnt“. Beziehungen, die an Bedingungen geknüpft sind, bieten fast keinen Raum für Vertrauen und Intimität. Sie werden schnell oberflächlich und schal. Nur *bedingungslose* Liebe läßt eine Ehe über das Elend unserer Gesellschaft hinwegschweben. Sie müssen Ihren Partner lieben, einfach weil Sie sich dazu verpflichtet haben, auch wenn das „Geschäft“ zeitweise oder dauerhaft schlechter ausfällt, als Sie hofften.

Einige beunruhigende Fragen über Verbindlichkeit

Während ich dieses Kapitel schreibe, frage ich mich immer wieder, ob Sie vielleicht denken, ich hätte den Blick für die Realität verloren. Vielleicht kennen Sie Ehen, die so zerrüttet sind, daß Sie sich nicht vorstellen können, ich würde diesen Leuten raten durchzuhalten. Vielleicht kommen Sie selbst aus einem schwer geschädigten Elternhaus, in dem Ihre Eltern zwar zusammenblieben, aber ständig Streit und Auseinandersetzungen hatten. Oder vielleicht haben Sie selbst das Elend einer kaputt gegangenen Ehe erlebt und fragen sich, ob ich überhaupt verstehen kann, wie unmöglich es für Sie gewesen wäre, darin auszuharren.

Mir ist vollkommen bewußt, wie zerrüttet Ehen sein können, und ich weiß auch, wie destruktiv eine kranke Ehe für die beteiligten Personen sein kann. Ich habe mit Hunderten von Leuten wegen ihrer katastrophalen Ehen gelitten. Ich habe darum gekämpft, Ehemänner und Ehefrauen davon abzuhalten, diese Ehen aufzulösen, aber ich wurde gleichzeitig von all dem Schmerz und der Not verfolgt, die die Familienmitglieder erlebten.

In der schwierigen Überlegung, was mit einer Problemehe geschehen soll, kristallisieren sich drei grundlegende Fragen heraus:

1. Wenn Sie sich gebunden haben, als sie jung und schlecht informiert waren, und sich Ihre Ehe jetzt als schrecklich enttäuschend herausstellt, müssen Sie dann für den Rest Ihres Lebens in dieser Bindung leben?

2. Müssen Sie Ihrem Ehegelöbnis treu bleiben, wenn Ihr Partner Probleme mit Drogen oder Alkohol hat, ein Verhältnis eingegangen ist, Sie jähzornig behandelt oder völlig mißachtet?

3. Wie stark Ihre Willenskraft auch sein mag, ist sie stark genug, um alle Probleme, die sich ergeben könnten, zu überwinden oder auszuhalten? Und wenn nicht, müssen Sie dann für immer die schrecklichen Konsequenzen einer früher einmal getroffenen falschen Entscheidung ertragen?

Es würde den Rahmen dieses Buches sprengen, diese Fragen ausführlich zu beantworten. Sie verdienen es, ausgiebig und sorgfältig bedacht zu werden. Aber ich möchte vier allgemeine Antworten geben:

1. Ich lege deshalb soviel Wert auf die lebenslange Verbindlichkeit, weil ich glaube, daß sich durch sie von Grund auf die ganze Art und Weise ändert, wie Leute von Anfang an ihre Beziehung aufbauen. Wer davon ausgeht, daß seine Ehe so lange bestehen wird, bis ein Partner stirbt, wird eine völlig andere Einstellung haben als jemand, der damit rechnet, sich einfach zurückzuziehen, wenn die Dinge nicht mehr so gut laufen.

2. Es zerbrechen viel zu viele Ehen, bei denen das nicht nötig wäre. Manchmal liegt es daran, daß der Mann und die Frau nicht bereit sind, so hart an ihrer Beziehung zu arbeiten, wie sie es müßten. Sie sind nicht bereit, diese Mühe aufzuwenden. In anderen Fällen ist den Partnern einfach nicht bewußt, was sie einander versprochen haben. Ihnen ist nicht klar, was bedingungslose Liebe bedeutet. Ihre Ehe

gerät in Schwierigkeiten, weil sie nicht wissen, was zu einer Ehe gehört.

Meistens stelle ich fest, daß eine scheiternde Ehe ein *Anzeichen* für Probleme ist, die wenig mit der Ehe selbst zu tun haben. Diese Ehen brechen auseinander, weil einer oder beide Partner sich nicht die Mühe gemacht haben, emotional gesund zu werden. Sie geben ihrer Ehe die Schuld daran, daß sie nicht glücklich sind, und wenn sie dann ihren Partner verlassen, um sich mit jemandem anderes zusammenzutun, werden sie genausowenig glücklich wie zuvor.

3. Wenn Ehen schweren Schaden erlitten haben, brauchen sie professionelle Hilfe. Manchmal ist das Verhalten der beiden Personen zueinander so destruktiv, daß sie getrennt werden müssen, bis jede von ihnen eine erfolgreiche Therapie durchlaufen hat. Aber das befreit sie nicht von der Bindung, die sie miteinander eingegangen sind. Im Gegenteil: Psychische oder körperliche Krankheit gibt der bedingungslosen Liebe die beste Möglichkeit, ihren wahren Charakter zu zeigen.

4. Bei meinen Bedenken gegen die Beendigung einer Ehe wiegen die katastrophalen Folgen für die Kinder besonders schwer. Immer mehr Untersuchungen zeigen, daß Scheidungskinder einen unermeßlichen Preis zahlen müssen. Das ist entsetzlich unfair! Ein wichtiger Grund für Verbindlichkeit ist der Schutz der physischen und emotionalen Umgebung für Kinder. Ich finde die leichtfertige Einstellung unserer Gesellschaft zur Partnerwahl niederschmetternd, besonders angesichts der Tatsache, daß das Scheitern von Ehen zu so schweren Verletzungen bei unschuldigen Kindern führt.

Was haben wir von Verbindlichkeit?

Vor einiger Zeit unterhielt ich mich mit einem Paar, das seit zweiundvierzig Jahren verheiratet ist. Sie ergingen sich in Erinnerungen an ihr gemeinsames Leben, und es war unübersehbar, daß es darin sowohl Glück als auch Kämpfe gegeben hatte. Sie sind zwei starke Menschen, die unter viel Mühen gelernt haben, einander zu lieben.

Während sie redeten, dachte ich über die Rolle nach, die Verbindlichkeit für ihre Ehe spielt. Ich fragte sie, ob sie in schweren Zeiten jemals ihre Bindung aneinander in Frage gestellt hätten. Beide waren sich einig, daß es ihre Bindung aneinander war, die sie während zweier besonders schwieriger Zeiten zusammengehalten hatte. Die eine war kurz nach ihrer Hochzeit, als er in den Krieg nach Korea gezogen war und sie an einer Schule unterrichtete. Er schrieb fast nie, und weil ihre Beziehung noch so jung war, begann sie sich zu fragen, ob sie wirklich das Rüstzeug für eine dauerhafte Ehe hätten. Beide hatten sie jede Menge Möglichkeiten, sich mit „Ersatzpartnern" einzulassen. Aber sie taten es nicht. Sie hatten einander ein Versprechen gegeben, und daran hielten sie sich.

Die zweite Prüfung kam lange Zeit später. Nach seiner Pensionierung verbrachte der Mann viel Zeit zu Hause, und die beiden waren einander allmählich auf die Nerven gegangen. Ihr Leben war viel aktiver als seines, und sie ärgerte sich über seine langsame Art. Er dagegen hatte sein ganzes Leben dafür gearbeitet, frei zu sein, und nun war er es. Ihre ständigen Versuche, ihn zu dieser oder jener Aktivität anzustacheln, störten ihn gewaltig. Ihm schien es, als hätte sie kein Gespür dafür, wie hart er gearbeitet hatte, um sich nun endlich ausruhen und entspannen zu können.

Aber auf beiden Gesichtern lag ein Lächeln, als er mit leiser, sicherer Stimme sagte: „Die Intensität unserer Auseinandersetzungen hatte keine Chance gegen unsere Bindung aneinander, die in Jahren gereift war."

Während dieses Gesprächs – und dazu kommen viele andere, die ich mit hingebungsvollen Ehepaaren geführt habe –, habe ich eine Liste von Vorteilen zusammengestellt, die Verbindlichkeit für jede Beziehung mit sich bringt.

1. Verbindlichkeit hält ein Paar während dreier schwieriger Phasen in ihrer Beziehung zusammen:

▷ *Während der ersten zwei oder drei Jahre.* Einige Untersuchungen weisen darauf hin, daß die *Hälfte* aller Scheidungen in den ersten beiden Ehejahren stattfinden. Mich überrascht das nicht, denn es scheint viele Leute zu geben, die die Wichtigkeit einer sorgfältigen Partnerwahl in den ersten zwei Jahren nach der Hochzeit entdecken. Doch wenn sie ihre Gelöbnisse ernst gemeint haben, werden sie diese frühen Stürme leicht verkraften. Sie werden ihrer Ehe eine Chance geben, sich zu entwickeln, und bald wird die Zerbrechlichkeit der Beziehung in dieser frühen Phase nur noch eine Erinnerung sein.

▷ *Während der abgeflachten Phasen.* Jede Beziehung, die ich kenne, hat gewisse Phasen, in denen das Wachstum stillzustehen scheint, in denen nichts Aufregendes passiert, in denen sich Langeweile breitmacht. Das Versprechen der lebenslangen Liebe wird in solchen Zeiten zu einem unendlich wertvollen Leitsystem.

▷ *Während der Zeiten voller „Fallstricke“.* Die meisten Beziehungen gehen durch problembeladene Zeiten. Der Mann hat vielleicht berufliche Unsicherheiten durchzustehen. Die Frau geht in den Anforderungen der Mutterschaft unter. Eine Krankheit schlägt zu. Schwierigkeiten mit den Eltern sind oft sehr belastend. Die Finanzen sind häufig ein Problem. Die Verpflichtung, den anderen zu lieben und zu hegen, kann eine Ehe während solcher schwieriger Zeiten retten.

2. Verbindlichkeit verringert deutlich die Angst vor dem Verlassenwerden. Diese Angst ist für viele Menschen ein zentrales Problem. Oft ist sie die stärkste Angst von allen.

Als wir klein waren und noch nicht für uns selbst sorgen konnten, fürchteten wir uns davor, uns in einer Menschenmenge zu verirren. Wir hatten Angst, vergessen zu werden, wenn wir darauf warteten, daß uns jemand von der Schule abholte, und Angst, nach dem Tod der Eltern allein zurückzubleiben. Solche Ängste können uns unser ganzes Leben lang begleiten. Wir erzittern bei dem Gedanken, verlassen zu werden.

Darum ist das Versprechen eines Ehepartners, immer bei dem anderen zu bleiben, so wichtig. Ihr Partner wird Ihnen unter allen Umständen loyal bleiben. Das befreit Sie auf radikale Weise. Es erlaubt Ihnen, zutiefst Sie selbst zu sein, Risiken einzugehen, zu wachsen und absolut echt zu sein, ohne fürchten zu müssen, daß man Sie verläßt.

3. Verbindlichkeit macht Vertrauen und Intimität möglich. Wie kann ich einem anderen Menschen mein Innerstes öffnen, wenn ich spüre, daß er mich abschätzt, daß er mich vielleicht fallen läßt? Doch wenn ich aus tiefstem Herzen *weiß,* daß mein Partner für immer absolut verbindlich zu mir steht, ist das eine ganz andere Sache. Dann kann ich Dinge über mich selbst offenbaren, die ich nie zuvor offenbart habe. Meine Geheimnisse sind sicher. Ich bin mit jemandem zusammen, dem mein Wachstum und meine Entwicklung wichtig sind. Plötzlich oder allmählich fange ich an, all meine sorgsam gehüteten Gefühle, Erinnerungen und Erfahrungen mitzuteilen. Bei diesem Prozeß kommt es zu einer unvermeidlichen Verschmelzung; die andere Person und ich werden eins. Wir sind miteinander verschmolzen, weil wir uns zutiefst vertrauen können.

4. Auf der Grundlage der Verbindlichkeit können Sie gemeinsam auf den Flügeln bedingungsloser Liebe schweben. Das ist die Art Liebe, die Ihrer Beziehung Auftrieb geben kann. Wenn jemand, dessen Charakter Sie zutiefst respektieren, Ihnen gegenüber ein Ehegelöbnis ablegt und Sie sich sicher sind, daß er es einhalten wird, dann können Sie sich geborgen genug fühlen, um gemeinsam zu fliegen – auch in schwierigen Zeiten. Nicht der Erfolg Ihrer Beziehung ist es, was Sie zusammenhält, sondern ein „durch Blut besiegelter Bund". Und ein solcher Bund schafft tiefe innere Geborgenheit.

Vor einigen Monaten schwamm ein Wal in dem verzweifelten und gefährlichen Versuch, sein gefangenes Weibchen zu befreien, in einen engen Hafen ein. Als ich von diesem Vorfall las, wurde mir erneut deutlich, wie universell die Bedeutung der „Verbindlichkeit der Ehe" ist, selbst unter

Tieren. Möwen zum Beispiel gehen lebenslange Bindungen ein und erkennen ihre Partner selbst aus großer Entfernung aus fliegenden Schwärmen anderer Möwen heraus. Ziegen, Wölfe, Biber, Tiger und Füchse bilden dauerhaften Paarbindungen. Verbindlichkeit spielt in der Schöpfungsordnung eine zentrale Rolle. Sie bietet eine stabile und dauerhafte Struktur für unser Leben.

Die Menschen sollten etwas von diesen Tieren lernen, die fürs ganze Leben mit einem Partner verbunden bleiben. Wenn wir diese Art der Verbindlichkeit in der Beziehung zwischen unserem Partner und uns entdecken, sind wir auf dem Weg zu einer der bedeutungsvollsten menschlichen Erfahrungen.

Zehntes Prinzip: Feiern Sie Ihre Hochzeit mit der vollen Unterstützung Ihrer Familien und Ihrer Freunde

Stellen Sie sich folgende Szene vor: Eine Frau trägt ein langes, fließendes Hochzeitskleid, und ein Mann im schwarzen Anzug steht dicht neben ihr. Sie hat ihren Arm bei ihm eingehängt. Die beiden tauschen ihre Ehegelöbnisse aus, indem sie die vorgesprochenen Worte wiederholen.

Neben der Braut stehen ihre Schwester und ihre drei engsten Freundinnen – alle sehen großartig aus. Und neben dem Bräutigam stehen sein älterer Bruder und drei Männer, denen er tiefes Vertrauen entgegenbringt.

In der ersten Reihe sitzen die Mutter und der Vater der Braut und ihre beiden jüngeren Brüder. Auf der anderen Seite des Ganges haben die Eltern und Großeltern des Bräutigams ihren Platz, ebenso wie seine beiden Großtanten, die sich sehr um ihn gekümmert haben, seit er ein kleiner Junge war.

Hinter diesen Leuten sitzen hundert Freunde, Nachbarn, Klassenkameraden und Kollegen. Jeder Gast lauscht gebannt auf jedes Wort und beobachtet jede Bewegung des Brautpaares.

All dies findet in einer Kirche, einer Synagoge oder einem öffentlichen Saal statt. Es spielt keine so große Rolle, wo es geschieht. Das Entscheidende ist, was in den Köpfen und Herzen der Braut und des Bräutigams vor sich geht. Und das hängt in hohem Maße davon ab, was die beiden in den Köpfen und Herzen ihrer Mütter und Väter, Schwestern und Brüder und engsten Freunde vor sich gehen spüren – und all der anderen, die sie, aus welchem Grund auch immer, zur Hochzeit eingeladen haben.

Wenn die Braut und der Bräutigam wissen, daß all diese wichtigen Leute hochzufrieden und erfreut über diese Eheschließung sind, werden sie selbst sich um so mehr über das Geschehen freuen können.

Nun stellen Sie sich vor, wir könnten diese Szene einfrieren. Jeder bleibt an seinem Ort mit genau dem Gesichtsausdruck, den er in diesem Moment hatte. Und stellen Sie sich vor, wir könnten von einer Person zur nächsten gehen und ihre Gedanken und Gefühle erkennen, ohne daß irgend jemand etwas davon merkt.

Unsere große Hoffnung ist, daß jeder einzelne über diese Eheschließung mit Begeisterung erfüllt ist. Am liebsten wäre es uns, wenn all diese Leute – besonders diejenigen, die die Braut und den Bräutigam am besten kennen – ganz und gar erbaut von dieser Beziehung wären, wenn sie enthusiastisch dahinterständen und spürten, daß diese beiden Leute wirklich die „Richtigen" füreinander sind.

Wenn wir das tatsächlich so vorfinden, dann hat diese Ehe eine großartige Chance zu gelingen – gesund und glücklich zu sein – für den Ehemann, die Ehefrau und all die anderen, die schließlich Teil ihrer wachsenden Familie sein werden.

Doch wenn einer oder mehrere dieser wichtigen Leute echte Bedenken gegen die Beziehung hegt, so hat diese Ehe zweifellos eine bedeutend geringere Chance zu gelingen. Wenn Ihre Eltern, Freunde oder Stiefkinder Ihre Beziehung nicht unterstützen, besteht ein weit höheres Risiko, daß die Ehe scheitern wird.

Die Rolle von Eltern und Freunden bei der Partnerwahl

Erst kürzlich diskutierten einige Kollegen und ich über dieses Thema. Während unseres Gesprächs kam ich zu dem

Schluß, daß fünf Prinzipien zu bedenken sind, wenn man ermessen will, wie stark Eltern und Freunde die Partnerwahl beeinflussen sollten:

1. Der oberste Grundsatz bleibt immer derselbe: Jede Braut und jeder Bräutigam müssen über die Ehe ihre eigene Entscheidung treffen – eine Entscheidung, mit der sie für den Rest ihrer Tage leben können. Diese Möglichkeit, die Person auszuwählen, mit der sie ihre Zukunft verbringen wollen, bietet sich nur einmal im Leben.

Sie sind es, die dafür verantwortlich sind, eine gute Wahl zu treffen. Wenn die Dinge nicht gut laufen, sind sie allein es, die ihre Ehe verbessern müssen. Sie können sich nie darauf berufen, daß jemand anderes sich ihr Recht der Wahl angemaßt habe. Sie dürfen nicht in ihrer Verbindlichkeit schwanken und das damit begründen, es seien eigentlich nicht sie selbst gewesen, die die Entscheidung getroffen hätten. Wenn sie letzten Endes für ihre Ehe verantwortlich sind, müssen sie auch die völlige Freiheit haben, die endgültige Entscheidung zu treffen.

2. Die Weisheit der Entscheidung hängt von der Tiefe und der Genauigkeit ihres Wissens über sich selbst und ihren potentiellen Partner ab.

Es gibt so viel, was man über sich selbst und diesen anderen Menschen wissen sollte. Wir alle brauchen Hilfe bei diesem Prozeß, in dem wir uns bestimmte Punkte bewußtmachen. Die Aufgabe ist viel komplizierter, als wir es uns auch nur vorstellen könnten. Außerdem könnten wir blinde Flekken haben – und infolgedessen wichtige Dinge bei uns selbst oder der Person, die wir lieben, übersehen. An dieser Stelle können uns Eltern und Freunde eine entscheidende Hilfe sein. Sie kennen uns gut – besser als irgend jemand sonst uns kennt –, und sie können uns oft auf Dinge hinweisen, die wir vielleicht nicht wahrnehmen oder auch in ihrer Bedeutung herunterspielen. Ohne ihre Hilfe könnten wir tollkühn in gefährliches Gelände marschieren.

3. Für Eltern und Freunde gibt es eine feine Grenzlinie zwischen echter Ehrlichkeit und Hilfsbereitschaft einerseits

und übertriebener Aufdringlichkeit andererseits. Eltern müssen sich davor hüten, zu freimütig zu sprechen und die Liebesbeziehung ihres Kindes unnötig zu schädigen. Aber es kommt darauf an, daß sie nicht schweigen, wenn sie Beobachtungen machen, die sich als entscheidend wichtig erweisen könnten.

Manchen Eltern fehlt dazu der Mut. Ihnen ist wohl bewußt, daß ihr Kind sich auf eine Beziehung einläßt, die mit Gefahren befrachtet ist. Doch um des lieben Friedens willen machen sie gute Miene zum bösen Spiel – und schweigen! Oft werden sie dann von schweren Schuldgefühlen geplagt, wenn die Ehe auseinanderbricht, wie sie es vorausgesehen haben.

Ich möchte allen Eltern Mut machen, in bezug auf die Heiratsentscheidung ihres Kindes eine demütige Haltung einzunehmen. Die Wahrheit ist, daß Eltern nicht alles wissen. Ja, sie können voreingenommen und irregeleitet sein. Aber wenn sie sich ihrer eigenen Unzulänglichkeiten bewußt sind, sollten sie ihren Kindern ehrlich und rückhaltlos sagen, was sie denken. Eltern, die mit Beobachtungen, die sie in vielen Jahren gesammelt haben, liebevoll an ihr Kind herantreten, können eine große Hilfe sein. Wenn diese Beobachtungen in einer Haltung der Demut weitergegeben werden, können sie einen sehr positiven Einfluß haben.

4. Eltern und enge Freunde können manchmal zu hohe Anforderungen stellen. Weil sie ihr Kind oder ihren Freund so sehr lieben, legen sie an einen Ehepartner möglicherweise Maßstäbe an, denen fast niemand gerecht werden könnte. Ich habe Eltern und Freunde kennengelernt, die nicht in der Lage zu sein schienen, sich *irgend jemanden* vorzustellen, der für ihr Kind oder ihren Freund ein guter Ehepartner wäre.

5. Wenn es ums Heiraten geht, muß ein Paar sorgfältig die Balance halten. Es ist gefährlich, jemanden zu heiraten, nur weil er oder sie die Eltern und Freunde zufriedenstellt. Aber wenn die wichtigsten Leute in Ihrem Leben sagen, daß Ihr potentieller Partner „einfach nicht der Richtige" für

Sie ist, ist es ebenso gefährlich, einfach weiterzugehen – als sei die Meinung der anderen offensichtlich falsch, nur weil sie nicht mit der Ihren übereinstimmt.

Warum ist es so wichtig, starke Unterstützung von Familie und Freunden zu bekommen?

Ich werde wohl nie aufhören, davon überwältigt zu sein, wie groß die Aufgabe der Partnerwahl ist. Diese Entscheidung wird alles an Ihrer Existenz *radikal* beeinflussen, solange Sie leben. Weil so viel von dieser Entscheidung abhängt, müssen Sie so sicher sein wie möglich. Ich bin sogar zu der Überzeugung gekommen, daß das Zutrauen, das Sie zu Ihrer Entscheidung haben, wesentlich zu einem erfolgreichen Ausgang beiträgt. Wenn Sie tief davon überzeugt sind, daß Sie eine großartige Wahl getroffen haben, werden Sie Ihrem Partner mehr Vertrauen entgegenbringen und allgemein ein positiveres Verhalten an den Tag legen.

Wenn die Menschen, die Sie am besten kennen, nicht sicher sind, ob Sie eine kluge Wahl getroffen haben, dann kann Ihr Zutrauen darunter nur leiden. Halten diese Leute dagegen Ihre Entscheidung für brillant, so bietet das Ihrem Zutrauen eine bedeutende Stütze.

Wenn die Leute, die Ihnen am nächsten sind, voll hinter dem Menschen stehen, den Sie heiraten wollen, haben Sie außerdem von Anfang an eine Unterstützergemeinschaft hinter sich. Ich habe oft erlebt, wie Ehen harte Zeiten überstanden haben, weil eine fürsorgliche, unterstützende Gruppe enger Freunde und Verwandter Anteil nahm und ihre Hilfe anbot.

Wenn dagegen Ihre Familie und Ihre Freunde nicht viel von der Wahl Ihres Ehepartners halten, werden sie Ihnen das auf die eine oder andere Weise zu verstehen geben. Und diese Botschaft wird Sie im Blick auf Ihre Wahl unsicher machen. Wenn diese „wichtigen anderen Leute“ Ihren Partner einfach nicht mögen oder für Sie nicht mögen, kann das ernste Konsequenzen haben. Manchmal kommt es zu einem Isolationsprozeß. Die anderen schließen Sie bei entscheidenden Gelegenheiten nicht mehr ein. Sie vergessen, Sie über zwanglose – oder auch formelle – gesellschaftliche Anlässe zu informieren. Sie sind zu dem Schluß gekommen, daß Ihre Partnerschaft nicht gut ist, und fangen schon frühzeitig an, sich auf ihr Scheitern vorzubereiten. Letzten Endes können sie es Ihnen und Ihrem Partner sehr schwer machen; sie erhöhen regelrecht die Gefahr, daß Ihre Ehe scheitern wird.

Doch es geht nicht nur um solche Einflüsse, die von wichtigen Personen ausgehen können. Sie müssen sich auch klarmachen, daß die Auffassungen der anderen oft zutreffender sein können als Ihre eigenen. Ich habe eine Verwandte, die von ihrer Familie dringend vor den Risiken ihrer Entscheidung zur Ehe gewarnt wurde, aber sie ließ sich nicht abhalten und heiratete den Mann. Sie bekam sogar drei Kinder von ihm. Aber sobald die Kinder die beiden nicht mehr von den Problemen in ihrer Ehe ablenkten, begannen sich diese Probleme zu vervielfachen. Schließlich ließen sie sich scheiden, und wie immer entstand daraus entsetzliches Leid. Ich konnte nicht umhin, mich daran zu erinnern, wie leidenschaftlich ihre Eltern sie gebeten hatten, einzuhalten und ihre Wahl zu überdenken. Hätte sie doch nur die Weisheit dieses Ratschlags erkannt!

Die Fähigkeit von Eltern und engen Freunden, bei der Partnerwahl zu helfen, kann sehr unterschiedlich sein. Aber ich habe gelernt, den Rat all dieser Personen ernst zu nehmen. Nach meiner Erfahrung können sie oft Dinge sehen, die bedacht werden müssen. Und wenn Ihre Eltern sich nicht in der Lage sehen, Ihre Entscheidung zu unterstützen, dann verdienen sie es zumindest, daß Sie ihnen aufmerksam zuhören.

Unter idealen Umständen – besonders dann, wenn sie geistig und emotional gesund sind – wollen Ihre Angehörigen und Freunde genau so sehr wie Sie selbst, daß Sie glücklich sind. Und obwohl ich Sie ermutigen würde, das Verhalten eines Elternteils oder eines Freundes abzuwehren, der meint, er habe *definitiv* recht und Sie hätten *definitiv* unrecht, kann es immerhin tatsächlich sein, daß er recht hat und Sie unrecht. Deshalb sollten Sie aufmerksam zuhören und ausgiebig über das nachdenken, was die anderen zu sagen haben.

Wie Sie die Unterstützung etwaiger Stiefkinder gewinnen

Kinder aus einer früheren Ehe haben oft sehr starke Gefühle, wenn es um einen möglichen Ehepartner für ihre Mutter oder ihren Vater geht. Diese Gefühle müssen mit großem Einfühlungsvermögen behandelt werden. Stiefkinder können eine entscheidende Rolle dabei spielen, wie gut eine neue Ehe schließlich gelingt. Wenn sie zu dem neuen Ehemann oder der neuen Ehefrau ihres Elternteils negativ eingestellt sind, können sie höchst destruktiv auf die eheliche Beziehung einwirken. Aber ebenso können sie sehr konstruktiv sein, wenn sie eine positive Einstellung zu dem neuen Familienmitglied gewonnen haben.

Ganz offensichtlich kommt der Meinung eines Stiefkindes, das bei der Familie zu Hause leben wird, erheblich mehr Gewicht zu als der Meinung eines erwachsenen Kindes, das bereits allein lebt. Kinder, die nicht mehr zu Hause wohnen, können zwar feindselige Gefühle hegen, aber da sie nicht jeden Tag mit dem Elternteil und dem Stiefelternteil in Berührung kommen, haben sie nicht so stark die Möglichkeit, die neue Ehe zu schädigen. Dennoch sind die Gefühle aller Kinder für die neue Beziehung von Bedeutung. Deshalb sollte man behutsam und liebevoll auf Vorbehalte eingehen.

Ideal wäre es natürlich, den potentiellen Partner schon im Frühstadium der Beziehung allen Kindern vorzustellen. Wenn die Kinder noch klein sind, haben Sie bei der Beziehung fast genausoviel zu gewinnen oder zu verlieren wie die beiden Partner und sollten deshalb bei dem Wahlprozeß als „Junior-Partner“ betrachtet werden. Wenn irgend möglich, sollten sie die Person ganz allmählich kennenlernen, um eine von Vertrauen und Zuneigung geprägte Beziehung aufbauen zu können. Letzten Endes ist es notwendig, daß sie eine positive und starke Beziehung zu dem neuen Partner aufbauen, sonst ist die Ehe stark gefährdet.

Ich habe mit Dutzenden von Familien gearbeitet, die einen „Neuzugang“ in Erwägung zogen. Die Situationen sind normalerweise höchst kompliziert, und fast immer ist professionelle Beratung wichtig. Aber es ist möglich, diese Verschmelzung so zu bewerkstelligen, daß die Verbindung letztlich noch viel stärker wird, als sie wäre, wenn keine Kinder beteiligt wären.

Ich erinnere mich, wie eine Frau in die Beratung kam, deren Mann nach langer Krankheit an einem Hirntumor gestorben war. Sie hatte zwei Kinder im frühen Teenageralter, und sie war sehr darum besorgt, daß eine etwaige neue Ehe für sie nicht zum Problem werden würde. Drei oder vier Jahre nach dem Tod ihres Mannes lernte sie in ihrer Gemeinde einen Anwalt kennen und ging des öfteren mit ihm aus. Schon frühzeitig stellte sie diesen Mann ihrem Sohn und ihrer Tochter vor. Die Kinder waren zunächst entsetzt, daß ihre Mutter auch nur daran denken konnte, jemanden anderes zu heiraten. Wie konnte sie ihren verstorbenen Vater so verraten? Sie wollten mit diesem „Eindringling“ nichts zu tun haben.

Ich fing an, mit der Mutter und ihren Kindern zu arbeiten. Was ich sofort bemerkte, war, daß alle drei mit ihrer Trauerarbeit noch nicht fertig waren. Die Kinder hatten ihre Trauer über den Tod des Vaters nie völlig verarbeitet. Diese Trauer lastete auf allen dreien so schwer, daß sie sie verleugnet hatten. Mein Sprechzimmer wurde für sie zu einem sicheren Ort, an dem sie weinen und Gefühle ausdrükken konnten, die sie noch nie zuvor miteinander geteilt hatten.

Nach einiger Zeit war die Mutter in der Lage, über ihren Wunsch, wieder zu heiraten, und über ihr Bedürfnis nach einer Liebesbeziehung zu sprechen. Sie erklärte ihren Kindern, daß eine neue Beziehung keineswegs die Erinnerung an ihren Vater schmälern würde. Diese Erinnerung würde ihr immer gegenwärtig sein. Und sie sagte ihnen, daß sie glaubte, daß sie als Kinder zwei Elternteile bräuchten. Die Kinder kämpften dagegen an, aber schließlich erwiesen sich die Gedanken ihrer Mutter als überzeugend.

Danach konnte sie ihren Kindern den Anwalt vorstellen. Sie hatte nun größere Hoffnung, daß die drei eine gesunde Beziehung zueinander entwickeln würden. Und genau das geschah auch. Obwohl noch Probleme zu überwinden waren und nicht immer alles glatt ging, entwickelte sich mit der Zeit zwischen allen eine glückliche, erfüllende Beziehung.

Das Entscheidende ist dies: Stiefkinder sind Menschen, und alle Menschen müssen emotional über eine Beziehung hinweg sein, bevor sie für eine neue bereit sind. Ihre Gefühle sind vielschichtig und empfindlich und müssen mit Achtung und Ernsthaftigkeit behandelt werden. Ob nun ein Todesfall oder eine Scheidung hinter ihnen liegt, fast immer ist von den Kindern Trauerarbeit zu leisten, bevor sie eine neue Ehe akzeptieren und sich darüber freuen können.

Eines ist sicher: Die volle und freiwillige Unterstützung Ihrer Kinder ist von großem Wert, wenn Sie an eine neue Ehe denken. Diese Unterstützung ist ein Ziel, auf das es sich entschlossen hinzuarbeiten lohnt. Wenn es erreicht ist, wird das Ergebnis entscheidend zu einer glücklichen Ehe beitragen. Wird dieses Ziel nicht erreicht, muß das weitere Vorgehen mit Vorsicht und Sorge geschehen.

Meine Erfahrung hat mich gelehrt, daß Kinder viel offener dafür sind, die positiven Aspekte einer neuen Beziehung wahrzunehmen, wenn sie ihre Gefühle bezüglich der früheren Beziehung aufgearbeitet und einen echten Trauerprozeß durchlaufen haben. Wenn die neue Beziehung tatsächlich gesund ist, werden sie normalerweise ihre Unterstützung nicht versagen. Wenn sie die Beziehung allerdings nicht für gesund halten, ist eine professionelle Familienberatung vor der Eheschließung ein Muß. Es steht zuviel auf dem Spiel. Eine Ehe ist auch ohne Kinder eine große Herausforderung. Wenn Kinder eine negative und sich abgrenzende Haltung einnehmen, kann das Gelingen der Ehe nahezu unmöglich werden.

Was tun Sie, wenn die Meinung Ihrer Eltern und Freunde von Ihrer eigenen abweicht?

Wenn Sie absolut sicher sind, daß Sie die richtige Person für sich gefunden haben, Ihre Eltern oder Freunde aber völlig anderer Meinung sind, schlage ich die folgenden Schritte vor:

1. Bleiben Sie so offen und aufnahmebereit, wie Sie können. Denken Sie daran: Die letzte Entscheidung liegt bei *Ihnen.*

2. Lassen Sie sich Zeit! In dieser Situation ist es entscheidend, nichts zu übereilen.

3. Finden Sie die richtige Zeit, um sich mit den Freunden oder Eltern, die Einwände erheben, zusammenzusetzen und ihre Bedenken ausführlich anzuhören. Fordern Sie sie auf, Ihnen so vollständig wie möglich alles zu sagen, was in ihre Schlußfolgerung eingeflossen ist. Sammeln Sie alle Daten so akkurat wie möglich.

4. Vergleichen Sie die Beobachtungen der anderen sorgfältig mit Ihren eigenen. Versuchen Sie, so objektiv wie möglich zu sein. Haben die anderen in diesem oder jenem Punkt recht? Und wenn ja, ändert das etwas an Ihrer Entscheidung?

5. Wenn zwischen Ihrer Analyse und der der anderen große Unterschiede bestehen und sie verunsichert oder verwirrt sind, lassen Sie sich von anderen Freunden oder Ver-

wandten helfen – besonders solchen, die Ihnen helfen können, den jeweiligen Freund oder Elternteil, der sich Sorgen um Sie macht, besser zu verstehen.

6. Scheuen Sie sich nicht, professionelle Beratung in Anspruch zu nehmen. Ein paar Therapiesitzungen können Sie vor einer verheerenden Fehlentscheidung bewahren – oder Ihnen helfen, mit gesteigertem Zutrauen weiter voranzugehen.

Eltern und Freunde können sich sehr irren

Ich will ganz bestimmt nicht sagen, daß Eltern und enge Freunde in Sachen Partnerwahl immer überlegen sind.

Erst neulich saß in meinem Sprechzimmer eine Frau, die mir davon erzählte, wie ihre Eltern gegen ihre Partnerwahl Einspruch erhoben hatten. Sie war inzwischen seit achtundzwanzig Jahren – sehr glücklich – verheiratet, doch ihre Eltern hatten verzweifelt versucht, ihre Ehe zu verhindern. Sie „wußten" einfach, daß ihre Wahl falsch war, und „versuchten es ihr deutlich zu machen". Es waren sehr intelligente und umsichtige Leute, aber sie hatten sich schrecklich geirrt, und wenn diese Frau auf sie gehört hätte, so hätte sie einen furchtbaren Fehler gemacht.

Ihre Eltern kamen schließlich zu der Erkenntnis, daß sie sich bei der Partnerwahl aller ihrer Kinder geirrt hatten. Die Frau erzählte mir von einem Gespräch, das ihr Vater mit einem engen Freund führte, der ihn um Rat gebeten hatte.

„Ich erzähle dir von meinen eigenen Kindern und ihren Ehepartnern", sagte ihr Vater zu seinem Freund. „Meine Frau und ich waren sehr gegen die Heirat einer unserer Töchter, doch ihre Ehe ist wunderbar. Wir könnten uns keinen besseren Schwiegersohn wünschen. Wir waren auch gegen die Heirat unseres Sohnes, weil seine Frau einen anderen Hintergrund hatte, aber heute finden wir unsere Schwiegertochter großartig. Unsere anderen beiden Kinder haben wir in ihren Entscheidungen stark unterstützt, und beide sind schon seit einiger Zeit geschieden."

Manchmal haben Eltern recht – und manchmal nicht

Eines Tages rief mich Jennifer Robinson an. „Ich brauche dringend Hilfe", sagte sie, „und ich muß Sie so bald wie möglich sprechen. Ich bin emotional völlig verwirrt im Blick auf meine bevorstehende Hochzeit. Sie ist für August geplant – schon in drei Monaten –, aber mein Vater ist strikt dagegen, daß ich Tom heirate, und ich schwanke hin und her zwischen Wut auf meinen Vater und dem Gedanken, er könnte vielleicht doch mehr von der ganzen Sache verstehen als ich." Ich konnte ihr noch am gleichen Tag einen Termin geben, und als sie kam, konnte sie gar nicht schnell genug erzählen.

„Mein Vater hat noch nie *irgendeinen* Mann für gut genug gehalten, um mein Ehepartner zu werden", sagte sie. „Ich kann mir keinen Mann vorstellen, der ihm genügen würde. Seine Maßstäbe und Erwartungen sind absurd. Er will nicht, daß ich ein menschliches Wesen heirate!" Jennifer saß auf der äußersten Stuhlkante, als sie das sagte. Sie war fast zu aufgewühlt, um ein Gespräch zu führen.

Fast die ganze erste Stunde hörte ich Jennifer nur zu. Ich sagte kaum ein Wort, während sie kreuz und quer aus ihrem Leben erzählte und über ihre Eltern, ihre Jugend und ihre Versuche, erwachsen zu werden, redete. Was mir dabei deutlich wurde, war, wie sehr sie ihren Vater liebte – und wie sehr er sie liebte. Ein Großteil ihres Lebens war von dem Bemühen geprägt, ihm zu gefallen – und sie hatte ihm sehr gefallen. Aber es schien *unmöglich,* es ihm recht zu machen, wenn es ums Heiraten ging. Tatsache war, daß ihr Vater seine Beziehung zu ihr so bewahren wollte, wie sie seit neunundzwanzig Jahren gewesen war. Er hatte Schwierigkeiten, sie gehen zu lassen.

Als wir uns wieder trafen, bat ich Jennifer, mir von Tom zu erzählen und von ihren Gründen, ihn heiraten zu wollen. Es machte ihr offensichtlich Spaß, mir von ihm zu erzählen, und sie konnte ungewöhnlich gut analysieren, warum er eine hervorragende Wahl wäre. Sie hatten alles mögliche gemeinsam – einen starken Glauben an Gott, den Wunsch nach einer Familie, die Liebe zum Sport. Sie waren gleichermaßen intelligent und ähnlich ehrgeizig, und sie waren über eine ganze Reihe von Themen schnell einer Meinung. Beide fühlten sich körperlich sehr zueinander hingezogen; sie konnten hervorragend kommunizieren, und sie waren in der Lage, Konflikte wirksam zu bewältigen.

Ich war schon halbwegs überzeugt, daß sie wirklich den richtigen Ehepartner gefunden hatte, wollte mir aber Zeit nehmen und objektiv sein. „Was ist es, was Ihr Vater an Tom auszusetzen hat?“ fragte ich sie.

„Nun“, sagte sie, „Dad scheint es vor allem um drei Dinge zu gehen. Er meint, daß Tom nicht aus einer emotional gesunden Familie kommt. Er denkt, daß es lange dauern wird, bis Tom mir den Lebensstandard bieten kann, den ich gewöhnt bin. Und er meint, daß es Tom an Selbstvertrauen mangelt.“

„Sind diese Beobachtungen zutreffend?“

„Ein Körnchen Wahrheit ist in allen dreien“, sagte sie. „Toms Eltern ließen sich scheiden, als er neun Jahre alt war, und sein Leben war nicht leicht. Seine Mutter arbeitete – manchmal in zwei Jobs gleichzeitig –, und meistens kümmerten sich seine Großeltern um ihn. Aber sie waren wunderbar! Niemand hätte ihm mehr Liebe geben können, als sie es taten. Und er hatte als Jugendlicher recht guten Kontakt zu seinem Vater, denn sie waren jeden Sommer und jedes zweite Wochenende zusammen. Durch all das wurde in Tom der starke Wunsch geweckt, eine Familie aufzubauen, die nicht zerreißen wird. Er legt sehr viel Wert auf Verbindlichkeit und sagt, daß eine Scheidung für ihn nicht in Frage kommt.

Es stimmt, daß es lange dauern wird, bis Tom ein so hohes

Einkommen wie Dad haben wird", fuhr sie fort. „Ich habe darüber nachgedacht, und es ist mir nicht allzu wichtig. Tom wird schon Erfolg haben! Er ist ein starker, guter Mann, und er hat eine gute Ausbildung. Er ist nur nicht ganz so ehrgeizig wie Dad.

Und er ist nicht so redegewandt wie Dad. Er ist ja auch fünfundzwanzig Jahre jünger! Aber er weiß, wo seine Stärken liegen, und er will an seinen Schwächen arbeiten."

Je länger ich zuhörte, desto mehr kam mir der Verdacht, daß eigentlich Dad derjenige war, der in meinem Sprechzimmer sitzen sollte. Ich fragte Jennifer, ob ihr Vater wohl bereit wäre, zu mir zu kommen, und sie meinte, das wäre er wohl. Später am Nachmittag rief er mich an. Anders als ich ihn mir vorgestellt hatte, war er nicht dominant und fordernd. Er sagte einfach, er hätte gerne einen Termin, und zwar möglichst bald. Am nächsten Tag kam er zu mir.

Wir hatten uns noch nicht lange unterhalten, als Mr. Robinsons Augen feucht wurden und er begann, mir von seinem letzten Gespräch mit Jennifer zu erzählen. „Sie rief mich gestern im Büro an und fragte, ob wir zusammen essen könnten", berichtete er. „Ich gab ihr zur Antwort, ich hätte eine Besprechung ... und sie schwieg lange. Ich spürte, daß sie mich wirklich sprechen mußte, also sagte ich ihr, daß ich meine Besprechung verschieben würde. Beim Essen erzählte sie mir von ihren Sitzungen bei Ihnen – auch das, was sie Ihnen über unsere Beziehung zueinander gesagt hat. Das Essen dauerte drei Stunden! Ich hörte lange zu – auf eine Weise, wie ich ihr noch nie zuvor zugehört habe", fuhr er fort. „Ich war verblüfft, wie sorgfältig sie über alles nachgedacht hatte, was eine Ehe mit Tom betraf. Ich erhob ein paar Einwände, aber allmählich dämmerte mir, daß Tom eigentlich gar nicht das Problem ist. Das Problem ist meine Beziehung zu Jennifer."

Während der nächsten zehn Tage traf ich mich viermal mit Jennifers Vater. Er erzählte mir, wie nahe er ihr immer gestanden hatte, wie die Leute immer gesagt hatten, daß sie ganz nach seiner Seite der Familie geschlagen sei und wie er und Jennifer immer ähnliche Ansichten gehabt hatten. Er und Jennifer seien sich immer ähnlicher gewesen als er und seine Frau. Er wußte schon seit langem, daß er sich viel stärker um die Beziehung zu seiner Frau bemühen müßte, wenn er sein „kleines Mädchen“ jemals loslassen wollte.

Während der nächsten Wochen begann er eine Therapie. Er versuchte sich selbst zu verstehen, arbeitete hart an sich und brachte ein paarmal seine Frau mit. Dann kam die Hochzeit. Er machte diese Hochzeit zu einem Fest, an dem die Ehe von Jennifer und Tom – und noch einiges mehr – gefeiert wurde. Er feierte sein eigenes Wachstum, seine eigene „Emanzipation“ von seiner Tochter, seine neu gefundene Wertschätzung für seine Frau und seine tiefe Erkenntnis, daß die Beziehung seiner Tochter nun nicht zu Ende war, sondern wuchs und sich veränderte.

Als ich Jennifer ungefähr einen Monat nach der Hochzeit traf, stellte sie mir Tom vor. Sie erzählten mir eine Stunde lang, wie alles weitergegangen war. „Mein Vater“, sagte sie, „hätte uns gar nicht mehr Unterstützung geben können. Er sagte mir, wie sehr er mich liebt, wie sehr er mich bewundert und wie sehr er hinter unserer Ehe steht. Und er erzählte mir einiges von dem, was er über sich selbst herausgefunden hat.“

Das war einer der Momente, bei denen ich tiefe Dankbarkeit für die Möglichkeiten der Psychotherapie empfinde. So begrenzt es auch sein mag, über unsere Probleme zu reden – Tatsache war, daß Tom und Jennifer ihre Hochzeit mit der *vollen* Unterstützung ihrer Familie und ihrer Freunde feiern konnten. Das hätte nie geschehen können, wenn Jennifer und ihre Eltern nicht den Mut und die Entschlossenheit gehabt hätten, sich bei der Entdeckung ihres wahren Ich professionell helfen zu lassen.

Ich darf Ihnen jedoch nicht vorenthalten, daß es für jede Geschichte über Eltern, die sich mit ihren Einwänden irrten, einen ganzen Haufen Geschichten gibt, in denen sie recht hatten. Ich habe mit Hunderten von Ehen zu tun gehabt, die in großen Schwierigkeiten waren, und oft hatten

Eltern diese Schwierigkeiten lange vor der Hochzeit vorausgesagt. Sie sind gewiß keine Experten im strengen Sinne, aber wenn Ihre Eltern oder engen Freunde Probleme kommen sehen, dann seien Sie sehr vorsichtig! Sie haben zu oft recht, als daß Sie ihre Meinung einfach ignorieren könnten. Es macht bestimmt keinen Spaß, sich mit ihren Bedenken auseinanderzusetzen. Viel leichter ist es, so zu tun, als wüßten die anderen nicht, wovon sie reden, und als würden sie schließlich doch ihren Segen geben, wenn Sie sie nur ignorieren.

Manchmal können Sie sich einfach nicht der Tatsache entziehen, daß Eltern oder Freunde Ihre Entscheidung nicht für klug halten. Wenn das geschieht, kommt es darauf an, sich mit aller Kraft darum zu bemühen, die Gefühle jeder Person mit großer Sorgfalt zu behandeln. Es geht darum, „die Wahrheit" zu finden – die bestmögliche Entscheidung im Licht *aller* Informationen –, und wenn jeder mitarbeitet, wird diese Suche schließlich Erfolg haben.

Aber ich rate Ihnen, jede Anstrengung zu unternehmen, um zu erreichen, daß alle hinter Ihnen stehen. Denken Sie bei alledem so tief Sie können über die Situation nach, beten Sie leidenschaftlich um Weisheit, befolgen Sie die Prinzipien in diesem Buch und konzentrieren Sie sich auf Ihren Partner und die Versprechen, die Sie einander geben werden.

Was ist, wenn Eltern und Freunde sich Ihrer Wahl sicher sind, Sie selbst aber nicht?

Heiraten Sie nicht!

Es spielt keine große Rolle, was Ihre Eltern und Freunde denken, solange *Sie* nicht überzeugt sind. Sie sind es, der oder die heiratet, und Sie sind es, der oder die volles Zutrauen zu Ihrer Entscheidung haben muß.

Manchmal kann es vorkommen, daß die Eltern vor allem

der Gedanke an die Hochzeit selbst beschäftigt. Wenn die Blumen bestellt sind, das Essen ausgewählt – besonders, wenn die Einladungen verschickt sind –, dann kann es für sie sehr leicht unvorstellbar werden, daß dies nicht der richtige Ehepartner für Sie ist.

Glauben Sie mir – oder Ihrem eigenen gesunden Menschenverstand! Obwohl ich das innere Trauma verstehe, das Eltern erleiden, wenn eine Hochzeit im letzten Moment abgesagt oder verschoben wird, bleibt es eine Tatsache, daß Sie auf keinen Fall heiraten sollten, wenn *Sie* nicht sicher sind, daß dies der oder die Richtige für Sie ist.

Manchmal höre ich den Einwand, daß „jeder kalte Füße bekommt, wenn der Tag näherrückt." Doch „kalte Füße" zu ignorieren, wenn es um etwas so Entscheidendes wie die Eheschließung geht, ist etwa so, als ob man Schmerzen in der Brust ignoriert, die von einem Kribbeln im linken Arm begleitet sind. Es ist einfach zu wichtig, um damit leichtfertig umzugehen.

„Wir glauben, du und Jon, ihr paßt wunderbar zueinander!"

Während ich dies schreibe, bereitet sich Lindsay, unsere jüngste Tochter, auf ihre Hochzeit in nur neunundzwanzig Stunden vor. Da die Feier in unserem Garten stattfindet, wimmelt es in unserem Haus vor Aktivität. Verwandte und Freunde treffen aus allen Himmelsrichtungen ein, es werden Leute aus vierzehn Staaten der USA und ein oder zwei anderen Ländern da sein.

Lindsay und Jon sind seit vier Jahren zusammen, und ihre Liebe und ihr gegenseitiges Vertrauen sind so weit gewachsen, daß beide Familien mit Begeisterung an die Zukunft der beiden denken. Da Lindsays Vater sich so stark mit der Theorie der Partnerwahl beschäftigt, können Sie sich vorstellen, wie hoch für diese beiden die Meßlatte hing. Vielleicht haben sie sich manchmal gefragt, womit sie es verdient haben, jemanden in ihrer Nähe zu haben, der zufällig ein Buch über dieses Thema schreibt!

Aber unsere ganze Familie ist von dieser Partnerschaft begeistert, und ich kann mir vorstellen, daß unsere Freude mit ein Grund dafür ist, daß Lindsay so glücklich wirkt. Wir konnten kaum an uns halten, als Jon diese Woche aus Rußland eintraf, wo er bei einer Import-Export-Firma arbeitet. Und seine ganze Familie wird aus Denver und vielen anderen Städten anreisen, um ihre Unterstützung für diese Ehe zu demonstrieren. Sie und seine Freunde werden ihm voller Begeisterung zeigen wollen: „Wir freuen uns, und wir stehen hundertprozentig hinter euch!"

Wenn Jon und Lindsay in einer oder zwei Wochen nach Rußland abreisen, werden sie einige unauslöschliche Erinnerungen mitnehmen. Sie werden sich an vier turbulente Tage erinnern, in denen ihre Liebe zueinander auf einem riesigen Familienfest gefeiert wurde. Sie werden nie die Hochrufe und Trinksprüche vergessen, die Umarmungen und Küsse, die zahllosen Liebeserweise und Glückwünsche ihrer Eltern und Großeltern, ihrer Brüder und Schwestern, ihrer Freunde aller Altersstufen, sogar ihrer Neffen und Nichten. Sie werden im Herzen eine klare Erinnerung an die Zustimmung und Unterstützung behalten, die wir alle dieser Partnerschaft, die sie jetzt aufrichten, entgegenbringen – und der Familie, die sie gründen.

Was wir alle – angefangen von Jons und Lindsays Großmüttern bis hin zu ihren kleinen Nichten und Neffen – ihnen zu sagen versuchen, ist, daß wir ihnen eine ungewöhnlich glückliche Ehe wünschen. Wir sind bereit, alles in unserer Macht Stehende zu tun, um ihnen zu helfen! Tatsache ist, daß unser lautes „Ja!" zu ihnen bedeutet, daß wir bereit sind, Partner in ihrem Bemühen zu werden, ein gemeinsames Leben aufzubauen, das für immer Bestand hat und jedem Menschen, der damit in Berührung kommt, Freude und Frieden bringt.

In Zeiten wie den unseren brauchen Paare alle nur erdenkliche Unterstützung von den Menschen, die sie am besten kennen. Großartige Ehen brauchen großartige Rükkendeckung. Wenn diese Rückendeckung fehlt, muß sie geschaffen werden. Wenn sie auf Dauer nicht zu verwirklichen ist, bleibt eine große Lücke. Doch wenn diese Unterstützung besteht, ist sie von unermeßlichem Wert. Das ist ein guter Grund zum Feiern! Und genau das haben wir morgen nachmittag vor.

Schlussfolgerung

Nach einer Analyse der neuesten Daten kommt Professor Norval D. Glenn von der Universität von Texas in einem 1992 erschienenen Artikel zu dem Schluß: „Wenn sich die gegenwärtige Scheidungsrate (in den USA) fortsetzt, werden etwa zwei von drei Ehen, die dieses Jahr geschlossen werden, keinen lebenslangen Bestand haben.“[1]

Der massive Zusammenbruch der Familie droht die Gesellschaft zu überwältigen. Nicht nur, daß all diese Ehemänner und Ehefrauen furchtbares Leid durchmachen – viele Kinder müssen einen erheblichen Teil ihrer Kindheit von einem Elternteil getrennt verbringen. Dadurch wird eindeutig eine Welle von Scheidungen und von emotionalem Zerbruch in Gang gesetzt, die sich durch die Generationen fortsetzt.

Wann wird unser kollektives Leiden ein Ende haben? Nicht, solange unsere Gesellschaft nicht eine unbestreitbare Tatsache anerkennt: Viele Menschen wissen nicht, wie man einen Ehepartner wählt! Wir haben an den Grundfesten der Familie ein emotionales Chaos geschaffen, weil wir uns nicht der Realität gestellt haben. Menschen brauchen Hilfe, um eine kluge Partnerwahl zu treffen. Romantische Gefühle führen uns in die Sackgasse! Es ist Wahnsinn, die Wahl eines Partners auf ein paar leidenschaftliche Triebe zu gründen. Das kann nur zu Enttäuschung und zum Scheitern führen. Letzten Endes ist die Lebensfähigkeit unserer Gesellschaft bedroht.

Gibt es Hoffnung?

Ja! Die Wahl eines Ehepartners kann mit einem erheblichen Maß an Weisheit durchgeführt werden. Unverheiratete können lernen, wie sie sich einen Partner aussuchen, mit dem sie ein ganzes Leben lang glücklich sein können. Eine wissenschaftliche Untersuchung nach der andern bestätigt unser Zutrauen, daß eine kluge Partnerwahl die Chancen für eine glückliche und dauerhafte Ehe erheblich steigert.

Vor ein paar Jahren las ich eine Magisterarbeit, die Blaine Flowers an der Universität von Minnesota vorlegte. Diese Arbeit befaßte sich mit der Treffsicherheit eines Testes, der Paaren vorgelegt wurde, die heiraten wollten. Flowers befragte 148 Ehepaare, die im Durchschnitt zwei Jahre vor der Untersuchung diesen vorehelichen Test mitgemacht hatten. Von den befragten Paaren waren nun 59 „sehr glücklich verheiratet", 53 waren „unglücklich verheiratet (geschieden/getrennt)", und 36 hatten nach dem Test von ihren Heiratsplänen Abstand genommen.

Flowers verglich damit die vorehelichen Testergebnisse dieser Paare. Überraschenderweise stellte er fest, daß er auf Grundlage ihrer Ergebnisse mit sechsundachtzigprozentiger Trefferquote voraussagen konnte, welche Paare später unzufrieden sein würden, und mit neunundsiebzigprozentiger Trefferquote, welche zufrieden sein würden. Nach seinen Ergebnissen hatten die Paare, die von der Hochzeit Abstand genommen hatten, eine kluge Entscheidung getroffen, denn ihre Testergebnisse ähnelten denen der unzufriedenen Paare.

Untersuchungen wie diese geben uns Hoffnung! Offensichtlich gibt es doch so etwas wie Ordnung in dem verwirrenden Durcheinander der Partnerwahl. Wir müssen nicht länger tatenlos zuschauen, wie Leute heiraten, die das niemals tun dürften. Wir müssen nicht mehr so tun, als wüßten wir einfach nicht, was zu einer glücklichen Ehe und was zum Scheitern einer Ehe führt. Wir können eine Kampagne in Gang setzen, um Unverheiratete aufzuklären und mit ihnen darüber zu sprechen, was bei einer Partnerwahl ratsam ist. So schlicht das auch klingt, ein solches Programm hätte revolutionäre Auswirkungen auf unsere Gesellschaft. Und eine Revolution ist es auch, was wir brauchen. Der Beitrag, den Fehlentscheidungen bei der Partnerwahl zum Auseinanderbrechen von Familien leisten, läßt sich dramatisch reduzieren.

Die Prinzipien sind kristallklar

Wir müssen uns nicht wie Menschen verhalten, die im Dunkeln herumstochern. Die Kennzeichen guter Ehen und die Kennzeichen vom Scheitern bedrohter Ehen sind wohlbekannt. Hier finden Sie in kurzer Zusammenfassung noch einmal unsere klar verständlichen Prinzipien:

Erstes Prinzip: Vermeiden Sie die sieben häufigsten Ursachen für eine falsche Partnerwahl.

1. Heiraten Sie nicht zu schnell. Längere Freundschafts- und Verlobungszeiten führen zu gesünderen Ehen.
2. Heiraten Sie nicht zu jung. Warten Sie mit dem Heiraten, bis Sie sich selbst gut kennen und bis Sie wissen, mit was für einem Menschen Sie glücklich werden können. Normalerweise bedeutet das, daß erste Ehen nicht vor Mitte bis Ende Zwanzig geschlossen werden.
3. Seien Sie nicht zu sehr aufs Heiraten aus, und lassen Sie sich von niemandem, der begierig danach ist, zur Ehe drängen. Achten sie darauf, ein klares Urteilsvermögen zu behalten.
4. Versuchen Sie nicht, es mit Ihrer Wahl jemandem anderes recht zu machen. Sie sind es, der von Ihrer Wahl ein Leben lang profitieren oder unter ihr leiden wird.
5. Heiraten Sie nicht, bevor Sie ihren Partner nicht in vielen verschiedenen Situationen kennengelernt haben. Wenn

Sie eine breite Basis gemeinsamer Erfahrungen haben, können Sie viel genauer voraussagen, wie es in einer Ehe mit dieser Person sein wird.

6. Heiraten Sie nicht mit unrealistischen Erwartungen. Die Ehe ist kein Allheilmittel; sie erfordert unglaublich viel harte Arbeit. Erwarten Sie nicht zuviel von Ihrer Ehe.

7. Heiraten Sie niemanden, der ein Persönlichkeits- oder Verhaltensproblem hat, wenn Sie nicht bereit sind, damit für immer zu leben. Diese Probleme verschwinden nicht von selbst; oft werden sie sogar schlimmer. „Wunderheilungen" sind viel leichter zu erreichen, bevor Sie verheiratet sind. Wenn das Problem geheilt werden *kann,* sorgen Sie dafür, daß es geheilt wird, bevor Sie heiraten.

Zweites Prinzip: Entwickeln Sie eine klare Vorstellung darüber, was für eine Person Sie heiraten wollen.

Drittes Prinzip: Achten Sie darauf, daß die Person, die Sie heiraten, vieles mit Ihnen gemeinsam hat.

Viertes Prinzip: Heiraten Sie nur dann, wenn Sie und auch die Person, die Sie heiraten wollen, emotional gesund sind.

Fünftes Prinzip: Achten Sie darauf, daß Sie sich zu der Person, die Sie heiraten wollen, leidenschaftlich hingezogen fühlen – aber leben Sie die volle Intensität dieser Leidenschaft erst aus, wenn Sie verheiratet sind.

Sechstes Prinzip: Entschließen Sie sich erst zur Heirat, nachdem Sie zu einer tieferen, stabileren Art der Liebe gefunden haben. Leidenschaft kann verblassen, aber diese tiefere Liebe bleibt.

Siebtes Prinzip: Meistern Sie die Kunst der verbalen Intimität. Die Liebe zweier Menschen, die auf tiefer persönlicher Ebene miteinander kommunizieren können, wird dramatisch wachsen.

Achtes Prinzip: Lernen Sie, Meinungsverschiedenheiten und Konflikte auszutragen, bevor Sie heiraten.

Neuntes Prinzip: Heiraten Sie nur, wenn sie bereit sind, sich – was auch geschieht – für Ihr ganzes Leben unwiderruflich an Ihren Partner zu binden.

Zehntes Prinzip: Wenn Ihre Eltern, Verwandten und engen Freunde hinter Ihrer geplanten Ehe stehen, feiern Sie mit ihnen! Wenn nicht, hören Sie ihnen aufmerksam zu, bevor Sie Ihre endgültige Entscheidung treffen.

Diese Prinzipien sind eine große Herausforderung

Mir ist nur zu bewußt, daß es äußerst schwierig sein kann, all diese Prinzipien zu befolgen. Dennoch, wenn Sie sich sorgfältig an jedes einzelne halten, werden Sie Ihre Chancen für eine dauerhafte und glückliche Ehe bedeutend steigern. Wenn Sie auch nur eines davon ignorieren, gehen Sie das große Risiko ein, in der riesigen Gruppe derer zu landen, deren Ehen zerbrochen sind.

Das muß nicht passieren. Sie können mit der richtigen Person eine liebevolle Beziehung aufbauen, die ein ganzes Leben lang eine unerschöpfliche Quelle befriedigender Erfahrungen für Sie sein wird. Und dafür kann keine Vorbereitungsarbeit zu anstrengend sein.

Liebe in einer dauerhaften Beziehung ist der größte Lohn

Ich bin überzeugt davon, daß dieses Leben kaum etwas zu bieten hat, das mit der Liebe eines Mannes zu seiner Frau und einer Frau zu ihrem Mann vergleichbar ist. Wenn Sie den Seelenpartner finden, nach dem Sie sehnsüchtig gesucht haben, stehen Sie am Anfang einer Beziehungsreise voller Freude.

Inmitten einer Welt, in der alles an Bedingungen geknüpft ist – einer Welt voller Strenge und Mißgunst –, können wir tiefes Glück erfahren durch die Entdeckung einer lebenslangen Partnerschaft mit einem geliebten Menschen. Für immer von dem Menschen geliebt zu werden, den Sie am meisten lieben, ist eine von Gott geschenkte Erfahrung. Ich wünschte Ihnen sehr, daß Sie sie erleben. Bei der Suche danach – der tiefen Liebe in einer Ehe – soll Ihnen dieses Buch eine Hilfe sein.

Anmerkungen

Einleitung

[1] Margaret Kent, *How to Marry the Man of Your Choice* (New York: Warner Books), 1987.

[2] Sylvia Ann Hewlett, *When the Bough Breaks* (New York: Basic Books), 1991.

[3] Jessica Gress-Wright, „Liberals, Conservatives and the Family", *Commentary,* April 1992, S. 43-46.

Erstes Prinzip:
Vermeiden Sie die sieben häufigsten Ursachen für eine falsche Partnerwahl

[1] Kelly Grover u. a., „Mate Selection Processes and Marital Satisfaction", *Family Relations,* 34/1985, S. 383-386.

[2] Tom Lasswell und Marcia Lasswell, *Marriage and the Family* (Belmont, Kalifornien: Wadsworth Publishing Co.), 1987, S. 167.

[3] John Welwood, „Intimate Relationship As Path", *The Journal of Transpersonal Psychology,* Bd. 22, Nr. 1/1990, S. 54-55.

Zweites Prinzip:
Entwickeln Sie eine klare Vorstellung von Ihrem idealen Ehepartner

[1] Harville Hendrix, *Getting the Love You Want* (New York: Henry Holt & Co.), 1988, S. 36.

[2] Ebenda, S. 44.

[3] Lasswell und Lasswell, *Marriage and the Family,* S. 56.

[4] Stanley Woll, „So Many to Choose From: Decision Strategies in Videodating", *Journal of Social and Personal Relationships,* Nr. 3/1986, S. 43-52.

[5] Nick Stinnett, „Strong Families: A Portrait“, *Toward Family Wellness,* hg. von D. Mace (Beverly Hills, Kalifornien: Sage Publications).

Drittes Prinzip:
Suchen Sie einen Menschen, der vieles mit Ihnen gemeinsam hat

[1] J. Phillippe Rushton, „Genetic Similarity, Human Altruism and Group Selection“, *Behavioral and Brain Sciences,* Nr. 12/1989, S. 503-509.

[2] Stephen White und Chris Hatcher, „Couple Complementarity and Similarity: A Review of the Literature“, *The American Journal of Family Therapy,* Bd. 12, Nr. 1/1984, S. 15-25.

Viertes Prinzip:
Werden Sie gesund, bevor Sie heiraten

[1] Harville Hendrix, *Getting the Love You Want,* S. 18.

Fünftes Prinzip:
Suchen Sie eine Liebe, die Sie aus tiefstem Herzen empfinden können – und bringen Sie sie vorsichtig zum Ausdruck

[1] Judith Viorst, „What Is This Thing Called Love?“, *Redbook,* März 1970, S. 166-168.

[2] Ellen Berscheid und Elaine Walster, *Interpersonal Attraction,* 2. Auflage (Reading, Massachusetts: Addison-Wesley), 1978.

Sechstes Prinzip:
Lassen Sie gemeinschaftliche Liebe reifen, bevor Sie sich zur Ehe entschließen

[1] Bernard I. Murstein, *Paths to Marriage* (San Mateo, Kalifornien: Sage Publications), 1986, S. 110.

Siebtes Prinzip:
Meistern Sie die Kunst der Intimität

[1] Nick Stinnett, „Strengthening Families“, Vortrag vor dem

„National Symposium on Building Family Strengths", Universität von Nebraska, Lincoln.

Schlußfolgerung

1 Norval Glenn, „What Does Family Mean?", *American Demographics,* Juni 1992.

Ed Wheat:

JUST MARRIED

Tips für junge Ehepaare
und solche,
die es werden wollen

Erfahrungsgemäß entstehen die Hälfte aller ernsthaften ehelichen Probleme bereits in den ersten beiden Ehejahren. Die Ursachen dafür sind meist unrealistische Erwartungen, Selbstüberschätzung und mangelnde Vorbereitung auf die Ehe. Doch viele Paare nehmen diese anfänglichen Schwierigkeiten nicht ernst und gehen erst dann zu einer Eheberatung, wenn es schon fast zu spät ist.

Damit es so weit gar nicht erst kommt, wurde dieses Buch geschrieben - ein Ehebuch mit wertvollen Tips (nicht nur) für "Eheanfänger".

Paperback, 224 Seiten, Nr. 15 211

RATGEBER FÜR MÄNNER UND FRAUEN

Ed & Gaye Wheat

HAUTNAH

Erfülltes Intimleben
in der Ehe

Tiefes Glück durch
körperliche und seelische Nähe -
nicht weniger als das ist Gottes Plan für jedes Ehepaar! Doch allzuoft scheitert die Freude aneinander an mangelndem Wissen, falschen Vorstellungen und Problemen, die unüberwindlich scheinen. Zurück bleiben Verletzung und Enttäuschung, wenn nicht sogar Resignation.

Alten und jungen Ehepaaren - aber auch denen, die sich auf ihre Hochzeit vorbereiten - bieten Ed und Gaye Wheat in diesem Buch bewährte Hilfen, um zu einem erfüllten Intimleben zu finden. In verständlicher Sprache und medizinisch fundiert informieren sie ausführlich über die körperlichen Organe und ihre Funktionen und zeigen auf, wie verschiedene Sexualstörungen überwunden werden können. Eine Fülle praktischer Ratschläge zu sexuellen Techniken, zur Sexualität in der Schwangerschaft und im Alter wie auch zur Empfängnisverhütung machen dieses Buch zu einem umfassenden Ratgeber. Beglückende Intimität in der Ehe - dieser Wunschtraum kann Wirklichkeit werden!

Paperback, 340 Seiten, Bestell-Nr. 15 197

RATGEBER FÜR MÄNNER UND FRAUEN

James Dobson

DAS SOLLTEST DU ÜBER MICH WISSEN

Ehekonflikte - und wie man sie löst

Erziehungsprobleme, seelische Isolation, sexuelle Nöte, Überlastung, Streß - das sind nur einige der Schwierigkeiten, mit denen Frauen zu kämpfen haben. Und immer wieder führen diese Schwierigkeiten zu Depressionen und belasten damit die Partnerschaft.

Der Autor nimmt sich mit großem Ernst, aber auch mit Humor der Problematik an, gibt Hilfestellungen und zeigt Auswege aus der Sackgasse solcher Belastungen. Mit viel Einfühlungsvermögen antwortet er auf die Fragen zahlreicher Ehepaare. Dabei wird immer wieder deutlich, daß die Bibel Maßstab für eine glückliche Ehe sein kann.

Taschenbuch, 208 Seiten, Bestell-Nr. 15 189

Edwin Louis Cole

TOTAL MANN SEIN

Das Buch für den modernen Mann

Macho oder Milchgesicht? Emanze oder Heimchen am Herd? Männer wie Frauen rätseln heutzutage, wer sie eigentlich sind und welche Rolle ihnen zukommt.

Viele von ihnen sind völlig verunsichert und leiden unter tief verwurzelten Ängsten.

Mitten in die Diskussion um den "neuen Mann" und die "befreite Frau" hinein spricht Edwin Cole ein klärendes Machtwort. Mutig und kompromißlos konfrontiert er die gängigen Ansichten von den Rollen der Geschlechter mit dem biblischen Bild vom totalen Mann!

Paperback, 140 Seiten, Bestell-Nr. 15 181